SUPERALIMENTOS
Recetas para tu salud

Foto de cubierta: Archivo RBA
Diseño y maquetación: Judit Marca
Diseño portada: Jordi Vilafranca
Fotos: Archivo RBA, Gtres y Shutter
Edición de textos: Manuel Núñez

Depósito Legal: B-2442-2016
ISBN: 978-84-9056-726-5
Impreso en España por Rotäbook
Printed in Spain

SUPER ALIMENTOS

Recetas para tu salud

RBA

ÍNDICE

ANTIBIÓTICOS NATURALES

FRUTOS SECOS Y SEMILLAS

ESPECIAS PROTECTORAS

CEREALES NUTRITIVOS

FRUTAS VITALIZANTES

HORTALIZAS SALUDABLES

LEGUMBRES INSUSTITUIBLES

PESCADO BLANCO Y AZUL

ACEITE DE OLIVA

SUPERALIMENTOS

Cada día la ciencia descubre alguna nueva propiedad beneficiosa para la salud en ciertos alimentos. Las investigaciones confirman que muchos colores, sabores, olores y texturas que nos resultan apetitosos son algo más que simples adornos de la naturaleza. El tono anaranjado de las zanahorias o el aroma picante de las cebollas proceden de sustancias que benefician tanto a esas hortalizas como a quien las toma. Las aceitunas están más expuestas a la luz y al aire que la mayoría de las otras semillas ricas en grasas, por eso han desarrollado un ácido graso –el oleico– mucho más estable ante el calor, junto a una serie de pigmentos que las preservan de la oxidación. Lo asombroso es que esos mismos compuestos que protegen a la aceituna son los que explican el efecto saludable del aceite de oliva en nuestro organismo.

Los alimentos aportan nutrientes valiosos pero también sustancias cuyo exceso resulta perjudicial. Las proteínas de las legumbres están exentas de grasas saturadas y se acompañan de carbohidratos de absorción lenta y fibra; su consumo regular puede contribuir así tanto a prevenir enfermedades circulatorias como la diabetes, el estreñimiento o la obesidad. La alcachofa no solo facilita la función depurativa del hígado: también aporta inulina, un prebiótico que alimenta a la flora intestinal. La avena es el cereal más rico en proteínas; los betaglucanos presentes en su fibra favorecen la inmunidad y reducen los niveles de colesterol LDL.

Este libro pone al alcance de todos los públicos esas informaciones y muchas otras seleccionando los alimentos que mejor nutren y protegen al organismo sin llegar a sobrecargarlo. Cada uno de sus capítulos presenta un alimento singular, combinando datos históricos y culturales con sus cualidades dietéticas esenciales y las claves para optimizar su empleo en la cocina. A eso le siguen recetas donde ese alimento es un protagonista principal. El objetivo es familiarizarse con él para sacarle el máximo partido.

Incrementar la presencia de estos alimentos con efectos tan positivos desvanece el mito de que la alimentación sana es aburrida. Pueden sustituir gradualmente a otros alimentos refinados, precocinados, ricos en grasas o pobres en vitaminas, cuyo exceso ha contribuido a aumentar la incidencia de muchas enfermedades en los países desarrollados.

Si en algo coinciden los expertos en nutrición es en que no existe un nutriente que pueda garantizar por sí solo que se mantendrán alejadas las enfermedades. Por eso es recomendable incorporar a la dieta la mayor diversidad posible de estos superalimentos, y hacerlo teniendo en cuenta la estación para que ofrezcan todo su potencial de salud y sabor.

ANTIBIÓTICOS NATURALES

Ajos, cebollas y limones contienen sustancias –como compuestos azufrados, bioflavonoides o polisacáridos– capaces de mantener bajo control la proliferación de virus y bacterias antes de que se conviertan en un problema. Lo hacen de manera suave y sin efectos secundarios. Además respetan los microorganismos beneficiosos para el organismo, como los que componen la flora intestinal. Por tanto, incluir estos alimentos en la dieta cotidiana es una manera muy eficaz de colaborar con el sistema inmunitario en la defensa frente a las infecciones. Además producen otros muchos efectos positivos en el organismo.

El ajo
Una perla de salud

Su olor y sabor intensos, tan apreciados, se deben a su riqueza en sustancias que lo convierten en un alimento-medicina.

El ajo es una de las plantas más estudiadas científicamente. Sus efectos como medicamento y alimento lo convierten en uno de los mejores ejemplos para validar el aforismo hipocrático: que el alimento sea tu medicina y la medicina, tu alimento.

La planta del ajo pertenece a la familia de las liliáceas, como la cebolla y el puerro. Aunque se cree que es originaria de Asia Central, llegó a Oriente Medio hace unos cuatro mil años y hoy se cultiva en todo el mundo. Se planta en invierno y el bulbo, la cabeza formada por los dientes de ajo, se cosecha a la entrada del verano. En las semanas previas, le brota un tallo que se corta antes de que eche flor para que el bulbo pueda crecer mejor.

Un remedio tradicional

El ajo se utilizó en la cultura egipcia, junto con la cebolla y el pan, como base de la alimentación, y en la medicina hipocrática de Grecia. En la antigua Roma, Galeno, Plinio el Viejo y Dioscórides mencionan su uso para tratar parásitos, problemas respiratorios o alteraciones de la digestión. Y el ajoaceite se ha empleado como remedio casero para disminuir la presión sanguínea y mantener en buen estado el aparato circulatorio. El ajo se come en pequeñas cantidades, por lo que no proporciona grandes dosis de nutrientes. Se trata, no obstante, de un alimento muy equilibrado que contribuye a mejorar y enriquecer la dieta.

Nutritivo y medicinal

Lo que interesa especialmente del ajo son las sustancias que le otorgan su poder medicinal: compuestos azufrados y otras sustancias que, al combinarse, protegen la salud general y, en particular, los sistemas cardiovascular, respiratorio, digestivo y urinario.

Por estas propiedades el ajo puede encontrarse, además de como alimento, en forma de medicamento o remedio con presentaciones muy diversas: en polvo, en tintura, en extracto seco o fluido, en óvulos vaginales, en forma de aceite esencial...

Ahora bien, no hay remedio o medicamento de ajo más eficaz y completo que los propios dientes frescos consumidos con regularidad. Incluir en la dieta de uno a cuatro dientes al día, preferiblemente crudos o muy ligeramente cocidos, permite beneficiarse de sus propiedades, tanto para prevenir como para aliviar determinados problemas de salud. De hecho, existen

UNA FÓRMULA EFICAZ

El ajo aúna un equilibrado aporte de micronutrientes junto con compuestos azufrados y otras sustancias químicas que le otorgan sus conocidas propiedades medicinales.

UN ALIMENTO ENRIQUECEDOR

Con solo 135 calorías por 100 gramos y un 64% de agua, el ajo aporta un 6% de proteínas, un 27,5% de hidratos de carbono, un 0,1% de grasas y un 0,7% de fibra, lo que lo convierte en un alimento saludable que contribuye a enriquecer la dieta. Contiene asimismo pequeñas cantidades de hierro, silicio, azufre, yodo, manganeso, selenio y vitaminas B1, B2, B6 y C.

COMPUESTOS AZUFRADOS

Los dientes de ajo contienen entre un 0,2% y un 0,3% de aceite esencial: garlicina, aliina o sulfóxido de alilcisteína (1%), que al ser hidrolizada (al machacar o masticar el ajo fresco) por la aliinasa produce alicina (se considera que 1 mg de aliina equivale a 0,45 mg de alicina). A su vez, la alicina, que confiere al ajo su olor y sabor peculiares, se transforma en compuestos azufrados como el disulfuro de alilo. A los compuestos azufrados volátiles de este aceite esencial se les atribuye gran parte de los efectos beneficiosos del ajo. Hay que tener en cuenta, por otro lado, que algunos de ellos desaparecen en el ajo cocido.

OTRAS SUSTANCIAS

Al efecto protector de los compuestos azufrados contribuye la acción de otras sustancias presentes en el ajo:

Fructosanas: contiene hasta un 75% de estos azúcares que están relacionados con una mejor calidad de la flora intestinal y una mejor salud general.

Enzimas: posee enzimas –peroxidaxas y lisozimas, entre otras– que son indispensables para que se produzca la acción medicinal del ajo.

Adenosina: interviene en muchos procesos, entre ellos la protección cardiovascular.

COMPOSICIÓN NUTRICIONAL (Por cada 100 gramos)

Energía	135 kcal	Magnesio	401 mg	Manganeso	14 mg
Carbohidratos	27,5 g	Fósforo	38 mg	Selenio	0,2 mg
Proteínas	6,1 g	Hierro	1,4 mg	Vitamina B1	0,11 mg
Grasas	0,1 g	Calcio	1,6 mg	Vitamina B3	0,7 mg
Fibra	0,7 g	Potasio	14 mcg	Vitamina B6	1,23 mg
Agua	64 g	Cinc	1,16 mg	Ácido fólico	1,7 mcg

recetas tradicionales a base de ajo que parecen creadas para mejorar determinados trastornos. Uno de los más emblemáticos es la sopa de ajo con tomillo, que más allá de ser un plato sano y reconfortante resulta recomendable para aliviar ciertas afecciones respiratorias, así como las molestias digestivas causadas por la bacteria *Helicobacter pylori*.

Amigo del corazón

Entre los principales trastornos que ayuda a prevenir y mejorar si se consume habitualmente se encuentran:
Arteriosclerosis y colesterol: inhibe la síntesis del colesterol malo LDL y los triglicéridos, mejora la coagulación sanguínea, aumenta la elasticidad de las arterias y reduce la oxidación. En caso de claudicación intermitente –cuando la arteriosclerosis afecta a las piernas y obliga a pararse a menudo al caminar por el dolor que provoca–, el ajo ayuda a que la sangre llegue mejor a los músculos.

- **Hipertensión:** por sus efectos vasodilatador y diurético, el bloqueo de receptores beta-adrenérgicos y la inhibición de la enzima conversora de angiotensina-1.
- **Alteraciones del ritmo cardiaco:** ayuda a enlentecer el ritmo cardiaco y, en consecuencia, a reducir el esfuerzo que debe realizar el corazón.

Por otra parte, el ajo ayuda a combatir las infecciones respiratorias como la gripe y el resfriado por sus propiedades antisépticas, pero también por su efecto broncodilatador y estimulante del sistema inmunitario. Además combate las infecciones urinarias, los parásitos intestinales y las repeticiones en las infecciones del oído.

Esencial en la cocina

Se halla en polvo, desecado, confitado e incluso como pasta, dentro de un tubo. Pero los ajos que solemos consumir son las cabezas secas, que se pueden comprar todo el año. Existen diversas variedades:

- **Ajos blancos:** son los más habituales, de sabor fuerte, y se consumen secos. Hay que buscar cabezas firmes y pesadas, con la envoltura seca y sin brotes.
- **Ajos morados:** la capa que los recubre es de color morado; maduran antes y suelen ser más grandes, pero al ser más tiernos se conservan por menos tiempo.
- **Ajetes o ajos tiernos:** se recogen antes de que se desarrolle el bulbo, en primavera; son suaves, apropiados para ensaladas, salteados, revueltos y tortillas.

Generalmente se asocia a otros ingredientes como el pan, el aceite, la sal y plantas aromáticas como perejil o albahaca. Otros compañeros privilegiados son la uva, el queso y los frutos secos. Es un clásico preparar tostadas de pan con ajo frotado, sal y aceite.
En la preparación "al ajillo" se pica sobre patatas, arroz, pasta o mijo justo al acabar la cocción, de modo que el propio calor del guiso neutraliza y modela su sabor.
El ajo crudo triunfa también en salsas como el ajoaceite, el ajoarriero, el mojo canario o el pesto genovés, y en sopas frías como el gazpacho o el ajoblanco.

Sabor en los fogones

Los caldos, potajes y cocidos de legumbres no se entienden sin su cabeza de ajos hervidos con piel y su hoja de laurel, aunque al hervido de arroz blanco para enfermos o convalecientes se le añaden los dientes pelados.
Laminado en trozos menudos forma la base de los sofritos junto con la cebolla, el tomate y el pimiento verde, inicio seguro para cualquier guiso. Cuando se fríe se suele hacer en trozos grandes o con los dientes enteros. Saber el punto exacto es un arte, ya que el aceite no debe estar ni muy frío ni muy caliente; los ajos se han de hacer solo hasta que estén dorados y crujientes, pero sin quemarse, para que no amarguen. En un punto más de sofisticación, se puede confitar, cocinándolo en aceite abundante a fuego bajo hasta que cambien de color.

Sopa de ajo con pan y huevo

4 | 20 min | **Ración:** Calorías: 243. Hid. carb.: 16,25 g. Proteínas: 11 g. Grasas: 4 g. Colesterol: 265 mg

INGREDIENTES:

- 150 g de pan del día anterior en rebanadas
- 3 dientes de ajo
- 1 tomate
- 4 cucharadas de aceite de oliva
- 1,5 l de caldo de verduras o ave
- 1 cucharadita de pimentón dulce
- 4 huevos
- Sal y pimienta

PREPARACIÓN

1. Se escalda el tomate durante 2 minutos, se pela, se retiran las semillas y se trocea. Cortar los dientes de ajo en láminas. Batir los huevos con una pizca de sal.

2. Se rehoga el ajo a fuego muy lento sin dejar que tome color. Se agrega el tomate troceado y se cuece durante 3 minutos.

3. Se salpimienta, se espolvorea el pimentón y se vierte el caldo. Se deja cocer a fuego lento 10 minutos más y se añaden las rebanadas de pan y los huevos. Se mezcla y se cuece 4 minutos más, removiendo hasta que el pan quede empapado y desmenuzado y los huevos hayan cuajado. Servir enseguida.

Calamares al ajillo

4 | 40 min | **Ración:** 127 kcal. Hidratos de carbono: 9 g. Proteínas: 11 g. Grasa 4,75 g. Col.:102 mg

INGREDIENTES:

- 2 calamares
- 4 patatas pequeñas
- 1 diente de ajo
- Perejil picado
- Aceite de oliva
- Sal
- Pimienta

PREPARACIÓN

1. Se lavan las patatas y se cuecen en agua salada, a fuego lento, durante unos 25 minutos. A continuación se escurren, se dejan enfriar, se pelan y se trocean.

2. Se limpian los calamares, retirando las plumas interiores y las pielecillas que los recubren. Se lavan y se secan. Se separan las aletas y las cabezas y se corta el resto en anillas. Se doran las patatas en una plancha engrasada con unas gotas de aceite. Se retiran, se añaden el ajo picado junto con los calamares y se asan durante 3 minutos.

3. Se salpimientan los calamares, se espolvorean con perejil y se sirven con las patatas.

El limón
La medicina más refrescante

De todos los cítricos, el limón ofrece los mayores beneficios para la salud, gracias a sus cualidades antioxidantes, antibióticas y anticancerígenas.

El aromático limón (*Citrus limon*), cuyo inconfundible color y aroma embriagan los sentidos, goza de una gran fama por las numerosas propiedades saludables que se le atribuyen, desde combatir la hipertensión y los problemas cardiovasculares, hasta contrarrestar el estrés y la fatiga o fortalecer el sistema inmunitario.

Al parecer, es originario del Sudeste de Asia, entre el Himalaya y China. En el siglo XIII llegó a Europa de la mano de los pueblos árabes. De hecho, la palabra "limón" procede del término árabe "laymún". Su cultivo se extendió rápidamente por toda la península, sobre todo por la zona de Levante, donde hoy en día se sigue concentrando gran parte de la producción de limones que se consumen en España. Durante el siglo XVIII se hizo famoso entre los marineros, que solían consumirlo en abundancia durante sus largas travesías, ya que su riqueza en vitamina C lo convertía en un alimento ideal para combatir el temido escorbuto.

Actualmente, la producción mundial la encabezan México, la India, Argentina e Irán. En quinta posición se encuentra España, la principal proveedora de limones al resto de países europeos. En nuestro país se consumen básicamente dos variedades: el de mesa o "mesero", de piel más fina, pulpa de color amarillo pálido y más cantidad de zumo; y el berna, una variedad mucho más extendida, de piel gruesa, color amarillo muy intenso y forma ovalada.

Doble poder antioxidante

Hoy en día está más que comprobado que, para prevenir la aparición de muchas enfermedades (diabetes, cáncer, obesidad, hipertensión...), es necesario aumentar el consumo de fruta. En este sentido, el limón es, sin duda, una de las que más nos convienen. Además de ser muy rico en vitamina C, viene cargado de sustancias fitoquímicas que, aunque no son esenciales para el organismo, lo protegen frente al daño celular.

Como la mayoría de frutas, el limón es muy rico en agua, tiene muy pocas calorías (solo 28,5 por cada 100 g), carece de colesterol y su contenido en grasas totales y grasas saturadas es insignificante. Además, aporta una cantidad muy pequeña de azúcares.

Su zumo –raramente se come el limón sin exprimir– es muy rico en vitamina C (100 g aportan el 62% de la cantidad recomendada al día). Diversos estudios han comprobado que esta vitamina es capaz de anular los

UN ZUMO PODEROSO

Además de las sustancias fitoquímicas peculiares del limón, aporta nutrientes en dosis significativas. El más importante es la vitamina C, seguido de minerales como el selenio, el hierro o el potasio.

VITAMINA C ESENCIAL

Un vaso con 100 ml de zumo de limón aporta dos tercios de la vitamina C que se recomienda ingerir a diario. Aparte de ser imprescindible para el buen mantenimiento de los vasos sanguíneos, es muy beneficiosa para la salud de huesos, dientes y piel. Además contribuye a la buena cicatrización de las heridas y ayuda a absorber el hierro que presentan otros alimentos. Por otra parte, cabe destacar que juega un papel fundamental para el correcto funcionamiento del sistema inmunitario.

CÓMO PRESERVARLA

Existe la creencia de que hay que consumir el zumo de limón justo después de exprimirlo para que no pierda vitamina C. Lo cierto es que esta vitamina se conserva a temperatura ambiente en el zumo exprimido durante varias horas. El ácido ascórbico (vitamina C) pasa rápidamente a ácido dehidroascórbico a temperatura ambiente. Hasta hace unos años se pensaba que este ácido no tenía actividad de vitamina C, pero hoy se sabe que conserva sus propiedades. Al cabo de unas horas, el ácido dehidroascórbico se degrada a ácido dicetogulónico, sin actividad vitamínica. Hay que tener en cuenta que, al calentar el zumo, se acelera el paso a ácido dicetogulónico, por lo que se pierde la vitamina C.

OTROS NUTRIENTES

El limón contiene también otras sustancias beneficiosas para la salud, como selenio, vitamina E, potasio, magnesio o hierro. Asimismo es fuente de vitaminas del grupo B, que contribuyen al buen funcionamiento del sistema nervioso y ayudan a metabolizar otros nutrientes.

COMPOSICIÓN NUTRICIONAL (Por cada 100 gramos)

Energía	28,5 kcal	Potasio	123 mg	Vitamina C	53 mg
Carbohidratos	3,6 g	Calcio	26 mg	Vitamina B2	0,02 mg
Proteínas	1,1 g	Fósforo	16 mg	Vitamina B3	0,1 mg
Grasas	0,1 g	Magnesio	6 mg	Vitamina B6	0,08 mg
Fibra	0,1 g	Hierro	0,1 mg	Ácido fólico	11 mcg
Agua	90,8 g	Cinc	0,06 mg	Vitamina E	0,15 mg

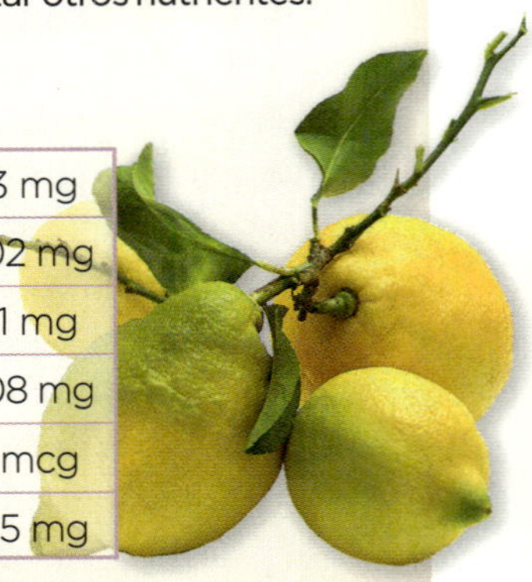

radicales libres y de combatir la oxidación celular. Según una investigación publicada en *Nutrition Journal* en 2004, se introdujeron 5,7 mg de vitamina C artificial en un recipiente con radicales libres y, a continuación, se hizo lo mismo con una cantidad de manzana que contenía exactamente los mismos miligramos de vitamina C. El resultado fue que la manzana hizo desaparecer 250 veces más radicales libres que la vitamina C artificial. Este espectacular poder antioxidante lo tiene también el limón, y se explica por la combinación de la vitamina con numerosos fitoquímicos beneficiosos presentes en la fruta.

Uno de los fitoquímicos más estudiados del limón es el limoneno, la sustancia que da el característico olor a los cítricos, que al parecer tiene una gran capacidad para reducir el riesgo de padecer enfermedades degenerativas, hipertensión, cataratas, infartos y diversos tipos de cáncer.

Los ácidos del limón contribuyen también a potenciar las propiedades de otros alimentos. En un estudio publicado en la revista *Molecular Nutrition and Food Research* en el que se estudiaba la capacidad antioxidante del té verde, se demostró que, tras añadir una pequeña cantidad de zumo de limón al té, su poder antioxidante aumentó en gran medida.

El complemento perfecto

Es difícil imaginarse cómo sería la gastronomía de buena parte del planeta, sobre todo de la zona mediterránea, sin la presencia de este cítrico. Una paella no sería lo mismo sin su chorrito de limón, ni muchos de nuestros dulces emblemáticos, como las rosquillas, tendrían su delicioso sabor. Quizá esta gran presencia del limón en el recetario, aunque a veces pase desapercibido, se deba a su gran capacidad para potenciar el sabor de los alimentos a los que acompaña. Además de darle un contrapunto ácido a los platos, el zumo de limón resulta muy práctico, porque evita que se oxiden muchas frutas y verduras frescas. Por este motivo es ideal para condimentar cualquier plato con coles, verduras de hoja verde, aguacates, alcachofas o champiñones.

Aliños y marinados

Sin duda, la elaboración de aliños y marinados es una de las mejores formas de sacarle partido al limón. Con una mezcla de zumo de limón y un poco de zumo de manzana o de piña, un chorrito de aceite de oliva virgen y algunas hierbas –como albahaca, perejil o eneldo– se pueden preparar aliños deliciosos y ligeros para acompañar todo tipo de platos, desde ricas ensaladas hasta unos lomos de salmón.

Para elaborar marinados que acompañen a pescados o mariscos, el zumo de limón queda delicioso si se combina con comino y cilantro. Otra opción es preparar una mezcla con un vaso de zumo de limón, 4 cucharadas de aceite de oliva virgen extra, 2 ajos prensados, 2 hojitas de laurel, media cucharadita de comino, un poco de pimentón dulce, orégano y sal. Si se deja marinar en este jugo pescado o tofu durante un mínimo de 6 horas, se obtiene un plato exquisito.

Como truco, si vamos a utilizar solo el jugo, conviene dejar el limón unas horas fuera de la nevera en un lugar cálido, ya que así obtendremos más zumo. Y, si lo amasamos ligeramente antes de exprimirlo, todavía conseguiremos más líquido.

En cuanto a la cáscara del limón, puede servir para aromatizar caldos y sopas, o picarse muy finamente y utilizarla en salteados y salsas. También puede dar un toque sabroso a una mantequilla aromatizada con hierbas o a un mermelada casera. Eso sí, a la hora de pelar la fruta, es importante no llevarse nada de la parte blanca, ya que es muy amarga y puede alterar el sabor de la receta.

Milhojas de manzana con crema

4 | 15 min | **Ración:** 275 kcal. Hidratos de carbono: 50 g. Proteínas: 9 g. Grasas: 4 g. Col.: 159 mg

INGREDIENTES:

- 50 ml de zumo de limón
- Cáscara de un limón
- 500 ml de leche desnatada
- 100 g de azúcar moreno integral
- 2 huevos
- 90 g de maicena
- 1 pizca de azafrán molido
- 4 manzanas verdes
- 10 fresas

PREPARACIÓN

1. Se calienta la leche con la cáscara de limón. Se baten los huevos con el azúcar, la maicena y el azafrán, y se va añadiendo la leche caliente poco a poco. Se pone al fuego sin dejar de remover y, cuando espese, se añade el zumo de limón.
2. Cuando esté fría se le agregan seis fresas troceadas.
3. Se cortan tres rodajas de cada manzana. Se espolvorean con un poco de azúcar y se pasan por la plancha durante medio minuto por cada lado.
4. Para montar el milhojas, se alternan tres capas de manzana con la crema de limón y se decora por encima con rodajitas de fresa.

Rúcula con bolitas de yogur al limón

4 | 35 min | **Ración:** 583 kcal. Hidratos de carbono: 34 g. Proteínas: 17 g. Grasas: 42 g. Col.: 28 mg

INGREDIENTES:

- 2 limones
- 300 g de rúcula
- 100 g de pan integral
- 80 ml de aceite de oliva
- 1 litro de yogur natural
- 100 g de sésamo tostado
- Salsa de soja, azúcar de caña, ajo, orégano, tomillo, pimienta negra molida y sal

PREPARACIÓN

1. Se rallan los limones. Se pela y se prensa el ajo. Se mezcla el yogur con un poco de sal, orégano, tomillo, pimienta, la ralladura y el ajo.

2. Se cuela el yogur en un colador con una gasa fina. Se deja escurrir toda la noche en la nevera. Al día siguiente, se forman bolitas y se rebozan en sésamo.

3. Se pelan bien los limones, se separan los gajos y se caramelizan en una sartén caliente con la salsa de soja y el azúcar integral. Se corta a dados el pan y se tuesta al horno.

4. Se reparte un poco de rúcula en cada plato con las bolitas de yogur y los gajos de limón. Se salpica con los tostones y se adereza con aceite .

Cebolla
Buena hasta la última capa

Este alimento y condimento típicamente mediterráneo ofrece propiedades nutritivas y medicinales incomparables que justifican su uso a diario.

La cebolla es escarcha cerrada y pobre...», así empiezan las famosas *Nanas de la cebolla* que el poeta Miguel Hernández dedicó a su hijo pequeño, cuando recibió una carta de su mujer donde le decía que alimentaba al pequeño con pan y cebolla. Pese a ser una hortaliza modesta, considerada durante mucho tiempo como el "condimento de los pobres", la cebolla no solo ha merecido la alabanza de un poeta, sino que ha sido, y es todavía, un excelente remedio medicinal natural y un complemento nutritivo muy valioso.

Delicioso manjar

La cebolla (*Allium cepa L.*) pertenece a la familia de las liliáceas, al igual que el ajo. Es oriunda de Persia, donde se la consideraba una planta mágica y sagrada. El estudio de las inscripciones encontradas en las tumbas faraónicas deja constancia de la presencia de esta hortaliza en el antiguo Egipto: se servía como alimento a los constructores de pirámides y los faraones se la ofrecían a los dioses. De la civilización egipcia pasaron a la griega y a la romana. Y ya en la Edad Media era un alimento imprescindible, que tanto podía formar parte de los menús palaciegos como de los platos más modestos. La cebolla, cuyo consumo está muy extendido en todo el mundo por su facilidad de adaptación a todos los climas, es muy nutritiva, tiene una gran versatilidad en la cocina y esconde una fuente de salud entre sus capas.

Un alimento con muchas virtudes

La cebolla –una de las pocas hortalizas de color blanco por su contenido en antoxantonas– está formada mayoritariamente por agua (un 88%), lo que contribuye al equilibrio hídrico del organismo y explica su bajo contenido en calorías (25 por cada 100 gramos). Por eso la cebolla es un alimento adecuado en las dietas de adelgazamiento. Además, pese a que posee muy poca fibra, es insoluble en agua por lo que previene el estreñimiento y regula las funciones intestinales.

Para los casos de estreñimiento existe un remedio natural muy efectivo: se corta una cebolla a rodajas, se cuece en medio litro de agua con miel y se cuela la decocción. Hay que tomar una taza por la mañana y otra por la noche. Tomada cocida, repercute favorablemente en el proceso digestivo. También resulta efectiva en el tratamiento de la diarrea si se toma en forma de caldo vegetal. Este remedio puede completarse con el consumo

UN BOTIQUÍN DOMÉSTICO

Las propiedades de la cebolla la indican ante muchos de los trastornos leves más frecuentes. Destaca su utilidad ante los resfriados –tanto para prevenirlos como para curarlos– y ante las alergias.

RECUCE EL COLESTEROL

Es eficaz para elevar el colesterol bueno (HDL) y mantener bajo control el malo (LDL). En general protege contra la acumulación de grasa en la sangre y previene así la arterioesclerosis y los problemas circulatorios.

FORTALECE LOS PULMONES

Tradicionalmente se ha recomendado la cebolla para combatir todo tipo de trastornos respiratorios, especialmente cuando afectan los pulmones, como las bronquitis y las pulmonías. Puede prevenir las complicaciones y acelerar la recuperación.

COMBATE LAS INFECCIONES

Dos de los nutrientes que se encuentran en mayores proporciones en la cebolla son la vitamina C y el cinc. Ambos nutrientes son necesarios para el buen funcionamiento del sistema inmunitario y, por tanto, para combatir la aparición de infecciones (bacterianas y víricas) y su repetición.

ES ANTICANCERÍGENA

Los estudios científicos muestran que los consumidores habituales de cebolla sufren una incidencia menor de una variedad de cánceres. Es uno de los beneficios asociados a los compuestos azufrados y a los flavonoides antioxidantes.

EFICAZ ANTE LAS ALERGIAS

Uno de los compuestos presentes en la cebolla es la quercetina, un antihistamínico natural. Por ello se recomienda un consumo abundante desde semanas antes de que comience la época del polen en primavera. De esta manera puede evitar las reacciones alérgicas o reducir su intensidad.

COMPOSICIÓN NUTRICIONAL (Por cada 100 gramos)

Energía	34 kcal	Potasio	316 mg	Vitamina C	89,2 mg
Carbohidratos	3,5 g	Calcio	47 mg	Vitamina B2	0,11 mg
Proteínas	2,8 g	Fósforo	66 mg	Vitamina B3	0,6 mg
Grasas	0,3 g	Magnesio	21 mg	Vitamina B6	0,17 mg
Fibra	2,6 g	Hierro	0,73 mg	Ácido fólico	63 mcg
Agua	89,3 g	Cinc	0,41 mg	Vitamina A	31 mcg

diario de cebollas crudas, ya que resultan un excelente desinfectante intestinal. En casos de inflamación renal, una buena solución consiste en triturar y macerar dos cebollas medianas durante seis días en un litro de vino blanco seco. Una vez filtrado, se obtiene vino de cebolla del que deben tomarse unos 80 ml diarios durante una semana.

El secreto de sus propiedades medicinales radica principalmente en su aporte de minerales (hierro, cinc, selenio, molibdeno, silicio y potasio) que la convierten en un poderoso antiséptico natural muy efectivo para combatir enfermedades infecciosas.

Otras sustancias presentes en la cebolla y que resultan cruciales para su aplicación terapéutica son las llamadas fructosantas –causantes de su acción diurética– y la glucoquinina –que disminuye el nivel de azúcar en la sangre–, por lo que también se recomienda su consumo a los diabéticos.

Cruda posee virtudes similares a las del ajo. Evita la absorción del colesterol cuando se incluye en las comidas excesivamente ricas en grasas y, en casos de arteriosclerosis, flexibiliza las arterias por su contenido en sílice. Utilizada como condimento, la cebolla permite disminuir la cantidad de sal en los platos, lo que posibilita que los hipertensos disfruten de su sabor y puedan beneficiarse de sus ventajas diuréticas y laxantes.

Aplicaciones externas

Con la cebolla pueden elaborarse diferentes preparados con los que realizar aplicaciones externas: mascarillas faciales a base de cebolla cocida, para mantener la elasticidad y purificar el cutis, y cataplasmas de bulbo de cebolla triturada y cocida en agua, muy efectivas para sanar los forúnculos (glándulas sudoríparas infectadas). Otras aplicaciones son los emplastos de zumo de cebolla cruda con un poco de sal y miel –muy eficaces para curar los sabañones– así como frotar media cebolla cruda sobre las picaduras de insectos (aunque esta solución puede irritar las pieles más sensibles). Pero sin duda el remedio más popular es poner media cebolla cortada junto a la mesita de noche para combatir la tos nocturna.

La cebolla en la cocina

Esta hortaliza no solo ofrece múltiples aplicaciones terapéuticas, sino que resulta un alimento versátil y un condimento imprescindible en la cocina.

- Puede consumirse tanto cruda –condimentando salsas y ensaladas– como cocinada.
- Una de las maneras más populares de cocinar la cebolla es freírla para elaborar el sofrito o la base de las salsas que acompañarán muchos de nuestros platos. Para ello, aprovecharemos su alto contenido en agua empleando muy poco aceite (una sola cucharada basta) y removiendo continuamente a fuego lento. No hay que dejar que se fría en exceso ya que sus azúcares podrían quemarse y se perdería así su potencial nutritivo.
- Otra forma muy apetitosa de utilizarla es cocerla entera en el horno, de manera que las sustancias que contiene permanezcan intactas y sus azúcares se caramelicen.
- Para digerir mejor la cebolla cruda, se corta en rodajas y se deja durante unos minutos en agua con zumo de limón. Así perderá su picor y conservará las vitaminas.
- Para preparar caldo de cebolla, se parten por la mitad 500 g de cebollas y, sin quitarles la piel, se vierten en dos litros de agua junto con una hoja de col verde, una rama de apio y un poco de sal. Se deja hervir durante una hora, se cuela y esta listo para servir.

A la hora de comprar cebollas, es importante que conserven completa su primera capa y que estén firmes, sin germinar ni manchas de moho. Hay que tener la precaución de no guardarlas partidas o empezadas, ni siquiera en la nevera, ya que se estropean.

Tartaletas de cebolla caramelizada

4 | 55 min | **Ración:** Calorías: 145. Hid. carb.: 17 g. Proteínas: 6 g. Grasas: 10 g. Col.: 15 mg

INGREDIENTES:

- 1 lámina de pasta brisa
- 120 g de queso de cabra de rulo
- 3 cebollas moradas
- Mantequilla
- Aceite de oliva
- 2 o 3 cucharadas de azúcar,
- ¼ de vasito de vino tinto
- 1 ramita de tomillo, sal, pimienta

PREPARACIÓN

1. Se cortan las cebollas en juliana fina y se rehogan en la mantequilla y el aceite, removiendo a menudo. Se agrega el azúcar, unas hojitas de tomillo y el vino. Se salpimienta y se caramelizan a fuego muy lento.

2. Se extiende la pasta brisa y se cortan 4 discos de 15 cm de diámetro. Se colocan en moldes de tartaleta.

3. Se precalienta el horno a 180° y se introducen las tartaletas en la zona media hasta que queden bien doraditas. Se retiran, se deja que se templen y se desmoldan. Se rellenan con la cebolla caramelizada y se reparte el queso por encima. Se Decoran con el resto del tomillo y se sirven en seguida.

Verduras asadas con aceite de perejil

4 | 55 min | **Ración:** 258 kcal. Hidratos de carbono: 33 g. Proteínas: 8 g. Grasa: 8 g

INGREDIENTES:

- 200 g de arroz basmati
- 2 pimientos verdes italianos
- 1 cabeza de ajo
- 8 patatas pequeñas
- 2 cebollas y 2 alcachofas
- 1 limón
- 1 ramita de romero
- 100 ml de aceite de oliva
- Sal, pimienta y perejil

PREPARACIÓN

1. Se cortan las patatas y la cabeza de ajos por la mitad y las cebollas y las alcachofas a cuartos. Se cortan los pimientos en aros y el limón se separa en gajos.

2. Se coloca todo, excepto los pimientos, en una fuente engrasada. Se hornea 20 minutos a 190 °C, removiendo de vez en cuando. Se incorporan los pimientos y se continúa 20 minutos más.

3. Por otra parte, se lava y seca el perejil para mezclar con aceite en la batidora. Se rocían las verduras y se sirven en seguida, bien calientes, acompañadas de cuencos con arroz blanco, que se habrá cocido aparte durante la preparación.

FRUTOS SECOS Y SEMILLAS

Entre los alimentos que pueden consumirse crudos, frutos secos y semillas son los más ricos en minerales y proteínas, además de en ácidos grasos sanos. Resultan idóneos como tentempié saciante o como crujiente ingrediente de numerosas recetas. Un puñadito al día aporta vitalidad, ácidos grasos poliinsaturados, vitaminas E y del grupo B, compuestos antioxidantes y abundante fibra. En cuanto a los minerales, abundan en magnesio, hierro, calcio y cinc. Su composición nutricional los convierte en alimentos indicados para conservar la salud cardiovascular y evitar las enfermedades degenerativas en general.

Nuez
Protectora del corazón

Gracias a la composición de sus grasas, es el fruto seco más saludable: reduce el colesterol, protege la salud cardiovascular y la del cerebro.

La nuez tiene un prestigio bien merecido y su fama no deja de crecer. De hecho, mucha gente ya sabe que cinco nueces al día son un seguro de vida para el corazón. Aunque existen 21 especies de nogales, las cuatro principales son la nuez persa o europea (*Juglans regia*), la nuez negra (*Juglans nigra*), blanca (*Juglans cinerea*) y californiana (*Juglans californica*).

La variedad persa es la más popular y se caracteriza por ser grande y de cáscara relativamente fina. La introdujeron en Europa los romanos en el siglo IV. La negra es más pequeña, dura y de sabor más intenso. La blanca es más dulce y untuosa y resulta difícil de encontrar en el mercado.

Actualmente los principales productores mundiales son China, Estados Unidos, Irán y Turquía. Los frutos se cosechan en diciembre, pero desecados se encuentran en el mercado todo el año.

Ácidos grasos en equilibrio

Aunque la nuez es uno de los frutos secos con más grasa –el 65% del peso–, sus proporciones de ácidos grasos la hacen muy saludable. Mientras que en otros frutos secos hay demasiados omega 6 en comparación con los omega 3 (40 a 1 en la almendra, por ejemplo), lo que puede favorecer las inflamaciones si la desproporción no se corrige con otros alimentos, en la nuez la proporción es de 5 a 1, mucho más equilibrada. Solo el 9% es grasa saturada, el 14% corresponde a la beneficiosa grasa monoinsaturada y el 77% es poliinsaturada, de la cual el 13% pertenece a la familia omega 3. Este es parte del secreto de la propiedad más estudiada de las nueces: su efecto protector frente a las enfermedades cardiovasculares.

Con solo 25 g de nueces se satisface el 91% de las necesidades diarias de ácidos grasos omega 3, que mejoran la relación entre colesterol "bueno" (HDL) y "malo" (LDL), previenen los ritmos cardiacos erráticos y la formación de coágulos sanguíneos en las arterias.

Gran aliada del corazón

Los beneficios de las nueces son tan patentes que la Administración para los Alimentos y las Medicinas de los Estados Unidos recomienda consumir diariamente 40 gramos de nueces como parte de una dieta baja en grasas saturadas, con el fin de reducir la incidencia de enfermedades cardiovasculares.

UN SEGURO DE VIDA

Aparte de ser una valiosa fuente de ácidos grasos cardiosaludables, la nuez proporciona una cantidad significativa de nutrientes y antioxidantes que reducen el riesgo de muerte por varias causas.

FUENTE DE OMEGA 3

Las nueces aportan grasas muy saludables para el organismo. No solo porque se trata en su mayoría de ácidos grasos poliinsaturados, sino porque se presentan en una relación muy equilibrada de ácidos grasos omega 6 y omega 3 (de 5 a 1 respectivamente). Este tipo de ácidos grasos reduce el riesgo de infartos cardiaco y cerebral.

MINERALES ANTIOXIDANTES

Las nueces son ricas en manganeso y cobre. Ambos minerales son cofactores para la síntesis de enzimas antioxidantes, como la superóxido- dismutasa, sintetizada por el cuerpo y que neutraliza los radicales que se producen en el citoplasma y en la mitocondria (el orgánulo de la célula encargado de producir energía). Por otra parte, el manganeso combinado con calcio –un elemento que las nueces también contienen en abundancia– mejora el síndrome premenstrual.

VITAMINAS DEL GRUPO B

Las nueces también son ricas en vitamina B6, que interviene en la formación de glóbulos rojos, en las funciones cerebrales y en la síntesis de anticuerpos, y vitamina B1, que ayuda a las células corporales a convertir los hidratos de carbono en energía y resulta esencial en el funcionamiento del corazón y de las células nerviosas. Entre su composición nutricional destaca también una alta presencia de vitamina E, que actúa como un potente antioxidante. Protege las membranas celulares y evita la oxidación del colesterol. Una ración de cinco nueces enteras (30 gramos) aporta el 31% de las necesidades diarias de vitamina E.

COMPOSICIÓN NUTRICIONAL (Por cada 30 gramos)

Energía	200 kcal	Flúor	0,21 mg	Vitamina C	1 mg
Carbohidratos	4 g	Manganeso	591 mcg	Vitamina B2	0,11 mg
Proteínas	5 g	Fósforo	123 mg	Vitamina B3	0,3 mg
Grasas	19 g	Magnesio	41 mg	Vitamina E	3,69 mg
Fibra	1 g	Calcio	29,4 mg	Ácido fólico	17 mcg
Agua	1,20 g	Cinc	810 mcg	Vitamina A	3 mcg

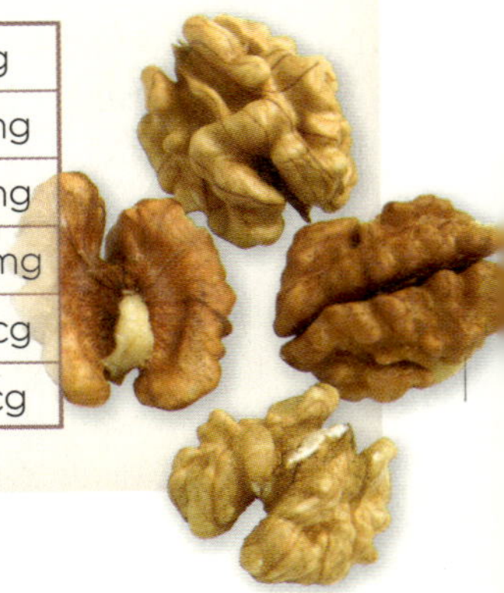

En una investigación realizada en el Hospital Clínico de Barcelona, se administró durante cuatro semanas a 21 personas una Dieta Mediterránea en la que las nueces sustituyeron un tercio de las calorías que habitualmente proporciona el aceite de oliva y otros alimentos con grasas monoinsaturadas. Se comprobó que esta dieta reducía entre un 4,4 y un 7,4% el colesterol total y especialmente –entre un 6,4 y un 10%– el colesterol "malo". Además, las nueces fueron responsables de un incremento del 64% en la elasticidad de las arterias y redujeron los niveles de adhesión celular, proceso clave en el desarrollo de la ateroesclerosis o endurecimiento de las paredes arteriales. Las cifras implican reducir a la mitad el riesgo de enfermedad cardiovascular.
Pero la nuez contiene más sustancias, además de los omega 3, que la convierten en una aliada incomparable del corazón y de los vasos sanguíneos. Una de las alteraciones que puede acabar desencadenando enfermedades es la oxidación del colesterol y esta resulta inhibida por los 16 compuestos polifenólicos presentes en las nueces, especialmente los ácidos gálico y elágico. La vitamina E, que también se encuentra en la nuez en dosis significativas, tiene el mismo efecto. Además, el nivel relativamente alto del aminoácido esencial l-arginina, tras convertirse en óxido nítrico, favorece la flexibilidad de las paredes arteriales y reduce la hipertensión.

Amiga del cerebro

Los ácidos grasos omega 3 de la nuez son buenos para el cerebro porque este tipo de grasa es la que constituye en mayor proporción la membrana de las neuronas. Por tanto ayuda a que se mantenga flexible y sana, favoreciendo la entrada de nutrientes y la salida de residuos.
Estudios epidemiológicos realizados en varios países indican una conexión entre incidencias altas de depresión y consumo deficiente de omega 3, y en niños se está comenzando a estudiar la relación entre la carencia de estos ácidos grasos y la hiperactividad infantil, las dificultades de aprendizaje, los trastornos del sueño y los ataques de cólera.
Por otra parte, las nueces ayudan a dormir mejor porque contienen un poco –entre 2,5 y 4,5 nanogramos– de melatonina, hormona producida por la glándula pineal, que está implicada en la regulación del sueño y que además es un potente agente antioxidante. Esta mínima dosis es suficiente para que los niveles de la hormona en sangre se tripliquen

Recetas mediterráneas

Las nueces son muy versátiles en la cocina: se pueden agregar a ensaladas y platos muy diversos (enteras, troceadas o picadas). Se usan también para elaborar salsas, y la repostería les reserva un lugar de honor para la preparación de bizcochos, tartas, helados y otros postres. Combinan bien con el chocolate y la miel, al igual que con el arroz, los quesos azules, las manzanas y la pasta.
La importante presencia de las nueces en la Dieta Mediterránea se revela en recetas populares españolas como los cardos castellanos con salsa de nueces, la "picada" catalana, la "intxaursalsa" vasca (o crema de nueces), el pan de nueces, los pastelillos andaluces o las nueces garrapiñadas.
Además de dar a las salsas una textura interesante, sobre todo si se dejan pequeños trozos sin triturar en contraste con la emulsión cremosa, las nueces son también un buen recurso decorativo.
Existe una gran variedad de nueces en el mercado. Aunque es habitual encontrarlas ya cascadas, si se quiere conservar mejor su sabor y propiedades lo mejor es comprarlas con cáscara. Se deben guardar en un lugar fresco y seco. Si están cortadas, lo mejor es conservarlas en la nevera en un frasco cerrado herméticamente.

Tallarines con nueces y alcachofas

4 | 25 min | **Ración:** 465 kcal. Hidratos de carbono: 57,6 g. Proteínas: 12,3 g. Grasas: 18,8 g

INGREDIENTES:

- 300 g de tallarines frescos
- 4-5 alcachofas
- 3 zanahorias
- 2 cebolletas
- 3 ajetes
- 70 g de nueces peladas
- El zumo de ½ limón
- 1 ramita de perejil
- Aceite de oliva, sal y pimienta

PREPARACIÓN

1. Se limpian las alcachofas, se lavan y se cortan a octavos. Se sumergen en agua con el zumo de limón. Se lavan y raspan las zanahorias y se cortan a daditos. Se lavan las cebolletas y los ajetes. Se cortan en juliana y a rodajitas, respectivamente.

2. Se saltean las zanahorias en una sartén con un poco de aceite y se retiran cuando estén doradas. Se doran las cebolletas y los ajetes. Se retiran, se agrega aceite y se añaden las alcachofas escurridas. Cuando estén doradas, se incorporan las demás verduras unos instantes.

3. Se cuece la pasta, se escurre y se sirve con las verduras, las nueces y unas hojas de perejil.

Milhojas de manzana y nueces

4 | 40 min | **Ración:** 220 kcal. Hidratos de carbono: 30, 4 g. Proteínas:3 g. Grasas: 13,6 g

INGREDIENTES:

- 4 manzanas
- 100 g de nueces peladas
- 1 cucharadita de azúcar moreno
- 2 cucharadas de miel
- ½ cucharadita de canela en polvo
- ½ limón

PREPARACIÓN

1. Se lavan, pelan y descorazonan las manzanas. Se cortan en rodajas finas y se rocían con gotas de limón. Se precalienta el horno a 180 °C. Se mezclan el azúcar y la canela. Se reserva 4 nueces y se pica el resto.

2. Se dispone un aro de servir sobre una bandeja con papel de horno. Se rellena con 1 capa de manzana, se espolvorea con una pizca de azúcar, canela y trocitos de nuez. Se cubre con manzana y se repite todo hasta llenar el aro. Se acaba con una nuez entera y un poco de miel. Se retira el aro con cuidado y se montan el resto de milhojas.

3. Se hornean 30 minutos a 180 °C Se sirven con unos hilillos de miel.

Sésamo
Un pequeño gran tesoro

Pocas semillas resultan tan ricas en minerales –sobre todo calcio y hierro– como las del sésamo, aliadas del corazón y el sistema nervioso.

Las diminutas semillas de esta planta oleaginosa albergan en su interior un generoso arsenal de nutrientes, algo que ya debieron intuir nuestros ancestros. Este alimento comenzó a ser cultivado hace varios miles de años y desde entonces todas las culturas y civilizaciones que tuvieron la fortuna de conocerlo le dieron un uso privilegiado. Su presencia en gran variedad de platos tradicionales o en antiguos recetarios de medicina constituye un signo inequívoco de que hay en estas semillas mucho que redescubrir.

Lo primero que destaca de las semillas de sésamo es su alto contenido en lípidos, de los cuales el 80% son ácidos grasos monoinsaturados y poliinsaturados, como el ácido oleico y el ácido linoleico u omega 6. Estas grasas tienen un efecto importante en la disminución de la concentración sanguínea de triglicéridos y en la reducción de la presión arterial. Constituyen asimismo una gran fuente de lecitina, una grasa fosforada que desempeña funciones vitales en el organismo. Forma parte del tejido nervioso, del semen y de la bilis, e interviene en el buen funcionamiento de las glándulas sexuales. La lecitina es también un poderoso emulsionante que facilita la disolución de las grasas en un medio acuoso. Esta propiedad, tan útil en la cocina a la hora de preparar una salsa, resulta muy beneficiosa para la salud, pues al emulsionar el colesterol facilita su eliminación y evita que se deposite en las paredes arteriales. Si se tiene en cuenta que el sésamo es, junto con la soja, el vegetal más rico en lecitina, se pueden valorar las enormes ventajas que tiene incluir estas semillas en la dieta diaria, especialmente para quienes padecen o tienen propensión a sufrir trastornos cardiovasculares.

Muy nutritivo y sabroso

En cuanto a su contenido en proteínas (20%), el sésamo proporciona 15 aminoácidos distintos, entre los que destaca uno esencial llamado metionina. Sin embargo, es algo deficitario en los aminoácidos lisina e isoleucina. De ahí que para incrementar su valor proteínico sea aconsejable combinarlo con legumbres, en las que la proporción de aminoácidos está invertida. Algunas recetas famosas son coherentes con ese principio bioquímico. Es el caso del hummus, el puré vegetal que se elabora en Oriente Medio triturando garbanzos junto con tahini, una pasta hecha a base de sésamo. Al poder nutritivo del sésamo se suma su riqueza vitamínica y

MINERALES EN ABUNDANCIA

Junto con su delicioso aroma, las semillas de sésamo aportan tal concentración de nutrientes que se pueden utilizar como un auténtico suplemento para enriquecer y potenciar los efectos saludables de las recetas.

RICO EN CALCIO

El sésamo es una de las mejores fuentes vegetales de calcio, y no solo por su riqueza en este mineral (30 g aportan una tercera parte de la cantidad diaria recomendada), sino por el conjunto de nutrientes que lo componen, como otros minerales, ácidos grasos y vitaminas. La composición peculiar del sésamo favorece que el abundante calcio se asimile mejor.

MAGNESIO, FÓSFORO Y HIERRO

Proporciona dosis notables de magnesio, fósforo, cobre, manganeso y también de hierro, sobre todo el sésamo negro. Además contiene algo de potasio, cinc, selenio, silicio y boro. Su fórmula mineral hace que el sésamo sea especialmente recomendable para prevenir y tratar la anemia y el cansancio.

VITAMINAS DEL GRUPO B

Este alimento también es rico en vitaminas importantes para el sistema nervioso y otras funciones vitales, en particular B1, B3, B6 y ácido fólico. Por otra parte, las vitaminas del grupo B permiten extraer la energía de los alimentos y asimilar muchos otros nutrientes.

LA ANTIOXIDANTE VITAMINA E

El aceite de sésamo es uno de los que mejor se conserva sin enranciarse. Esto es debido en parte al contenido en vitamina E de las semillas. Esta vitamina de tipo liposoluble ejerce un efecto antioxidante que contribuye a retardar el envejecimiento, a mejorar la circulación, a reparar los tejidos y a prevenir muchos tipos de cáncer. La vitamina E es un nutriente esencial que no se encuentra fácilmente ni en abundancia. Su presencia en las semillas y el aceite de sésamo es una razón más para incorporarlo a la dieta.

COMPOSICIÓN NUTRICIONAL (Por cada 100 gramos)

Energía	570 kcal	Potasio	508 mg	Vitamina B1	1 mg
Carbohidratos	10,1 g	Calcio	783 mg	Vitamina B2	0,79 mg
Proteínas	20 g	Fósforo	607 mg	Vitamina B3	4,51 mg
Grasas	50 g	Magnesio	347 mg	Vitamina B6	0,79 mg
Fibra	11,9 g	Hierro	12 mg	Ácido fólico	97 mcg
Agua	5 g	Cinc	7,75 mg	Vitamina E	5,7 mg

mineral, que permite enriquecer las recetas añadiendo tan solo una cucharada de sésamo. Al igual que algunas otras semillas, contiene unas sustancias llamadas lignanos. Estos compuestos actúan en el organismo como unas hormonas femeninas de acción suave y pueden explicar que en recetarios tradicionales antiguos se indicase para mejorar trastornos menstruales como la amenorrea o la dismenorrea. Por otro lado, ejercen un efecto antioxidante que, aparte de contribuir como la vitamina E a la singular estabilidad de su aceite, prolonga la vida de las células y fortalece el sistema inmunitario. Por último, hay que destacar que la fibra del sésamo resulta ligeramente laxante y que sus mucílagos contribuyen a proteger la flora intestinal.

Efecto reconstituyente

La combinación de todos estos nutrientes confieren al sésamo un gran poder remineralizante, energético y reconstituyente, útil tanto para el sistema muscular como el nervioso. Se considera un buen alcalinizante de la sangre y protege el sistema circulatorio de los efectos del estrés y la falta de actividad física.

Incluido en la dieta de las personas mayores puede atenuar la osteoporosis, la debilidad ósea o la pérdida de cabello, mientras que los jóvenes lo pueden tomar como ayuda en los estudios y en las actividades deportivas.

El sésamo es recomendable si se sufren problemas nerviosos o emocionales como estrés, agotamiento, pérdida de memoria o desánimo, y se aconseja tanto a mujeres embarazadas como a personas convalecientes para evitar carencias de nutrientes esenciales y por su efecto regenerador de los tejidos.

El sésamo también se emplea por vía externa. La medicina ayurvédica conoce desde hace siglos el aceite de sésamo y lo emplea con frecuencia como aceite de masaje. En uso externo es idóneo para revitalizar la piel, tratar las grietas en las manos o aliviar los pies fríos. Además, favorece el bronceado natural y la hidratación cutánea. La medicina tradicional japonesa lo utiliza en los problemas de los oídos y los ojos.

Muchas posibilidades en la cocina

Las ricas tradiciones culinaria de muchos pueblos de Oriente, norte de África y Sudamérica incluyen el sésamo entre sus recetas más alegres, sabrosas y nutritivas. La sabiduría popular nos ha enseñado a emplearlo de manera muy práctica a través de fórmulas sencillas como el tahini o el gomasio. Su sabor anuezado resulta apropiado tanto para platos salados como para repostería dulce, y al encontrarse varias presentaciones –como el aceite, el tahini o los germinados– ofrece diferentes texturas y usos que dan mucho juego en la cocina. Además, espolvorear unas semillas sobre una ensalada, unas crepes o unas magdalenas, les da siempre un toque más vistoso y apetecible.

Antes de utilizar las semillas es aconsejable tostarlas un poco. Esto no solo intensifica su sabor, sino que las hace más digestivas. Sin embargo, si se van a utilizar para decorar un pastel o un relleno de verduras al horno o al gratén, es preferible emplearlas crudas, y bien cubiertas con el queso, para evitar que se tuesten demasiado y se resequen. Aunque pueden encontrarse ya tostadas, hacerlo en casa es muy sencillo: se calienta un wok o una sartén (preferiblemente de hierro) y se añaden antes de que humee, removiéndolas constantemente a fuego lento con una paleta de madera; en cuanto estén doradas, se retiran para evitar que se quemen. También se pueden tostar al horno, dejándolas unos cinco minutos a 120 °C. Una vez tostadas, pierden con rapidez su aroma y algunas de sus propiedades, por lo que es aconsejable no preparar más de las que se vayan a consumir en el momento.

Ensalada crujiente con salsa de tofu

4 | 15 min | **Ración:** 197 kcal. Hidratos de carbono: 13 g. Proteínas: 10 g. Grasa: 12 g

INGREDIENTES:

- 150 g de rúcula, 100 g de hoja de roble, 100 g de berros
- 1 nabo daikon, 1 pimiento verde y 1 amarillo, 100 g de soja germinada
- 30 g de pasas y 30 g de anacardos
- 2 cucharadas de sésamo tostado

Para la salsa:

- 150 g de tofu, salsa de soja, aceite de oliva virgen y zumo de limón

PREPARACIÓN

1. Las pasas se ponen en remojo media hora.

2. Se lavan las diferentes hojas, se escurren y se trocean.

3. Los pimientos se limpian y se cortan a tiras finas.

4. Se mezcla todo en un cuenco junto con los germinados, los anacardos crudos y las pasas escurridas. Se lava el nabo, se corta a lo largo y se coloca encima. Se espolvorea con el sésamo.

5. Para la salsa, se desmigaja el tofu en un cuenco y se añaden una cucharadita de aceite, otra de salsa de soja y el zumo del limón. Se amasa hasta obtener la consistencia deseada.

Pastel de muesli con zanahoria

4 | 30 min | **Ración:** 397 kcal. Hidratos de carbono: 38 g. Proteínas: 13 g. Grasa: 19 g. Col.: 10 mg

INGREDIENTES:

- 120 g de copos de avena, 50 g de pasas sultanas y 50 g de almendras
- 500 ml de leche
- 150 g de zanahoria
- 2 cucharaditas de sésamo
- Aceite de oliva, agua y sal

Para la salsa:

- 1 yogur natural, 1 cucharada de limón, 1 de aceite de oliva y sal

PREPARACIÓN

1. En una cazuela a fuego suave, se cocina la zanahoria pelada y rallada con un chorrito de aceite 15 minutos, añadiendo de vez en cuando agua para que no se pegue. Se pasa a un cuenco y se mezcla con la avena, las pasas y las almendras tostadas.

2. Se pone a calentar la leche con un poco de sal y antes de que hierva se vierte sobre la mezcla anterior. Se echa la mezcla en un molde pintado con aceite. Se espera a que esté tibia y los copos se inflen. Se espolvorea con el sésamo y, tras unos 12 minutos de horno, se deja reposar hasta que adquiera consistencia.

3. Para la salsa, se mezclan los ingredientes y se baten con unas varillas.

ESPECIAS PROTECTORAS

Acostumbramos a utilizarlas con el objetivo de proporcionar notas atractivas de color, sabor y aroma a los platos. Pero además aportan muchos compuestos vegetales de probado efecto beneficioso sobre el organismo. Muchos de estos compuestos son antioxidantes, anticancerígenos o antiinflamatorios. En algunos casos se los podría calificar de auténticas medicinas. Entre las especias destacan la cúrcuma y la canela, cuyas propiedades ya fueron intuidas por las medicinas tradicionales. Buena parte se han confirmado gracias a investigaciones más recientes, que también han descubierto otras indicaciones nuevas.

Canela
Un remedio milenario

Es el aroma más saludable, gracias a los efectos positivos que se logran espolvoreándola sobre una gran variedad de preparaciones.

La canela es mucho más que un condimento delicioso. Su uso como medicina natural es muy antiguo. Los egipcios la importaban de China hace 4.000 años. En Grecia y Roma se utilizaba frecuentemente para mejorar la digestión y en ceremonias.

Son bien conocidas las propiedades digestivas de la canela. De hecho, la decocción de la corteza es eficaz para estimular las digestiones lentas o para aliviar molestias como la sensación de hinchazón, las flatulencias o la acidez. También aumenta el apetito y reduce las náuseas.

Pero sus propiedades van más allá del sistema digestivo. Uno de sus efectos más interesantes tiene relación con uno de los problemas de salud más extendidos entre las personas mayores, la diabetes. Un estudio realizado en la Universidad Agrícola NWFP de Peshawar (Pakistán) ha demostrado que la ingesta diaria de 1,3 a 6 gramos de canela reduce los niveles de glucosa en la sangre en personas que sufren de diabetes tipo 2, así como una disminución de los triglicéridos y el colesterol malo LDL. A los 40 días del tratamiento dietético, la reducción de los niveles de glucosa en sangre osciló entre el 18 y el 29%. Este efecto sobre la glucosa sugiere que la canela es un estimulante del metabolismo, lo que justifica su uso en las dietas de adelgazamiento. Pero no hace falta sufrir de diabetes o desear perder peso para interesarse por la canela. Sus cualidades como antioxidante la hacen capaz de prevenir todo tipo de enfermedades. Un equipo del Consejo Superior de Investigaciones Científicas (CSIC) ha constatado que la canela, junto a otras seis especias (anís, jengibre, menta, nuez moscada, regaliz y vainilla), se encuentra entre los alimentos con mayor actividad antioxidante, dada su elevada concentración en compuestos fenólicos.

Una gran ayuda ante infecciones

La canela también contiene en su composición proantocianidinas, un tipo de flavonoide antioxidante abundante en los arándanos con conocidas propiedades para cuidar la salud del tracto urinario y especialmente para frenar las infecciones de orina. Del aceite de canela se estudian sus efectos antibacterianos. Se ha comprobado, en particular, su elevada capacidad de inhibir el crecimiento de hongos.

Sus propiedades antibacterianas, expectorantes y antiinflamatorias, hacen de la canela un buen aliado en el tratamiento de los trastornos respiratorios más comu-

UNA FÓRMULA EFICAZ

La canela es un estimulante metabólico y un potente antioxidante. A estas propiedades cabe sumar apreciables efectos antisépticos, que pueden servir para prevenir y tratar trastornos frecuentes.

REMINERALIZANTE

Aunque la canela se utilice en dosis del orden de los gramos no se debe desestimar su poder nutritivo y sobre todo remineralizante. Contiene cantidades significativas de boro, calcio, cobalto, cobre, cromo, estroncio, fósforo, hierro, magnesio, níquel, potasio, sodio, yodo y cinc. En cuanto a las vitaminas, destacan la A, la B1 y la B3.

POTENTE ACEITE ESENCIAL

Muchas de las propiedades terapéuticas que se atribuyen a la canela se deben a los compuestos presentes en el aceite esencial como benzalhehído, eugenol, farnesol, gamma-terpineol, geraniol, isoeugenol, cariofileno y cineol, alcanfor, furufural y terpenos (alfa-pineno, alfa-terpineno, alfa-ylangeno, beta-pineno, limoneno y linalol). Estas sustancias estimulan la salivación y la producción de jugos gástricos, lo que facilita la disgregación de los alimentos y, por tanto, su digestión.

BOCA LIMPIA Y SANA

Las propiedades antibióticas de la canela sirven para eliminar bacterias y otros microorganismos que provocan las caries, las enfermedades de las encías o el mal aliento, por citar solo algunas de las dolencias que ayuda a combatir. De ahí que esta especia se incluya en la composición de pastas dentífricas y enjuagues bucales.

CONTRA LOS HONGOS

Además de sus propiedades como antibacteriano, la canela destaca por su capacidad para inhibir el crecimiento de hongos, en especial los del género Aspergillus y la Candida albicans. Muchas mujeres sufren de infecciones de repetición con Candida.

COMPOSICIÓN NUTRICIONAL (Por cada 100 gramos)

Energía	247 kcal	Potasio	431 mg	Vitamina B1	0,02 mg
Carbohidratos	80,6 g	Calcio	1002mg	Vitamina B2	0,04 mg
Proteínas	4 g	Fósforo	64 mg	Vitamina B3	1,3 mg
Grasas	1,2 g	Magnesio	60 mg	Vitamina B6	0,15 mg
Fibra	53 g	Hierro	8,32 mg	Vitamina A	15 mcg
Agua	10 g	Cinc	1,83 mg	Vitamina E	2,3 mcg

nes, como la bronquitis, los resfriados o la tos. Produce también un efecto beneficioso sobre el sistema circulatorio: posee propiedades antiagregantes, antiescleróticas y antitrombóticas. Es decir, favorece una buena circulación de la sangre. Por ello se ha utilizado para tratar la mala circulación periférica en los dedos de las manos y de los pies.

Se ha comprobado que esta planta resulta adecuada para el tratamiento de otras afecciones, como las menstruaciones irregulares o la inapetencia sexual (para este problema, tanto en hombres como en mujeres, se toman al día dos vasos de agua con media cucharadita de canela en rama disuelta; se realiza el tratamiento durante 15 días, se descansa tres días y se sigue con 15 días más). Un tratamiento más fácil y agradable de llevar a cabo consiste en espolvorear los alimentos con un poquito de canela. Si se mezcla con otras plantas con propiedades afrodisíacas, como el jengibre, el hinojo o la menta, los efectos pueden ser todavía mayores.

La canela como especia

La canela se obtiene de los árboles del género *Cinnamomum*. Hay varias especies, pero estas se clasifican en dos categorías: el árbol de la canela de Ceylán o Sri Lanka (*Cinnamomum zeylanicum* o *Cinnamomum verum*), y el árbol de la canela china o cassia (*Cinnamomum aromaticum* o *Cinnamomum Cassia*), procedentes del sur de China, Bangladesh, la India y Vietnam. Esta última variedad de canela es menos apreciada que la primera, porque su sabor no es tan elegante, resulta algo más picante y amarga, y menos aromática. También hay que decir que es más barata. La canela de Ceylán es suave, de corteza fina y quebradiza, con un color claro y suavemente picante (debido al compuesto fenólico denominado cinamaldehído). Según explica Harold McGee en *La cocina y los alimentos*, la canela de Ceylán posee más notas florales y de clavo por el linalool y el eugenol. En nuestra cocina la canela es un aromatizante imprescindible para postres dulces como pasteles, arroz con leche, bizcochos, cremas pasteleras, peras a la canela, postres con chocolate, torrijas y galletas. En los países asiáticos y árabes se usa en rama, molida o en extracto como esencia de numerosos platos dulces y también salados, sobre todo de carne de cordero y de pollo.

La canela en rama es adecuada para aromatizar infusiones y otras bebidas, como el pacharán o la sidra, mientras que en polvo se emplea sobre todo en repostería y panadería, y en la preparación de platos a base de arroz y harinas.

En los países árabes la canela se usa sobre todo para aromatizar diversos platos de carne. Por ejemplo, en Marruecos, el tayín de cordero se prepara con comino, canela y otras especias. En Irán se elabora un plato similar llamado khorak. Además, la canela es uno de los ingredientes del ras el hanout, una combinación de unas 20 especias muy popular en el norte de África.

También se emplea para aromatizar bebidas, como ciertas cervezas y vinos. En India, el té más popular, llamado chai, está compuesto por una deccoción de canela en rama, clavo, cardamomo, jengibre y azúcar, a la que se añade té negro, sirviéndose generalmente con leche.

Por otro lado, el aceite esencial extraído de la canela se suele emplear en la elaboración de derivados cárnicos y de ketchup, así como en la industria de bebidas suaves.

Cómo conservarla

Para gozar de las propiedades y el aroma de la canela durante mucho tiempo, se aconseja comprarla en rama. Aunque el sabor de esta especia es más fuerte cuando se presenta en polvo, de este modo su aroma se pierde con mayor facilidad. Se aconseja mantenerla guardada en un frasco hermético, lejos de la luz y la humedad.

Pastitas de avellanas con canela

4 | 50 min | **Ración:** 435 kcal. Hidratos de carbono: 46 g. Proteínas: 18 g. Grasa: 13 g. Col.: 37 mg

INGREDIENTES:

- 150 g de avellanas molidas
- 2 claras de huevo
- Azúcar glas
- 1 cucharadita de canela en polvo
- 1 cucharadita de zumo de limón

PREPARACIÓN

1. Precalienta el horno a 160 °C. Se montan las claras a punto de nieve firme con varillas eléctricas. Se incorpora, poco a poco, el zumo y 65 g de azúcar, sin dejar de batir en ningún momento.

2. Se añaden las avellanas y se continúa batiendo hasta obtener una masa lisa y homogénea. Con la ayuda de dos cucharillas se cogen porciones y se les da forma redondeada. Se colocan en el horno sobre papel sulfurizado.

3. Se hornean durante unos 20 minutos, hasta que estén bien doraditas. Se retiran, se dejan enfriar y se espolvorean con un poco de azúcar glas y canela en polvo.

Arroz con leche, naranja y canela

4 | 40 min | **Ración:** 210 kcal. Hidratos de carbono: 37 g. Proteínas: 4,6 g. Grasa: 4,3 g. Col.: 15 mg

INGREDIENTES:

- 120 g de arroz
- 750 ml de leche
- 1 naranja
- 8 cucharadas de azúcar
- Canela en polvo

PREPARACIÓN

1. Se cuece el arroz ya lavado durante 10 minutos en una cazuela con 1 litro de agua. Se refresca con agua fría, se escurre y se reserva.

2. Se lava la naranja. Se corta un trozo de la cáscara, se añade la leche y se lleva a ebullición. Se agrega el arroz y se cuece a fuego lento 15 minutos, removiendo a menudo.

3. Se exprime la naranja y se añade el zumo, con el azúcar, poco a poco, sin dejar de remover en ningún momento. Se cuece durante 10 minutos más. Se pasa a una fuente y se deja enfriar. Se reparte el arroz en cuencos y se sirve espolvoreado con canela y decorado con trocitos de piel de naranja.

Cúrcuma
La gran especia medicinal

No solo proporciona un amarillo intenso a los platos: sus propiedades antiinflamatorias y antioxidantes la convierten en una aliada de la salud.

El intenso color amarillo de la cúrcuma llamó la atención, hace miles de años, de los antiguos sabios de la India, que la tomaron como símbolo del sol. Hasta hoy, forma parte de las ofrendas a Surya, el dios solar. Se emplea en las bodas para desear suerte a la pareja o para dar color a las túnicas de los monjes. Por si fuera poco, puede ingerirse y produce todo tipo de efectos beneficiosos en el organismo, ya sea tomándola como condimento delicioso o como agente terapéutico.

La cúrcuma se obtiene del rizoma de la planta *Curcuma longa*, de la misma familia que el jengibre. Procede del subcontinente indio, donde se utiliza desde hace cuatro mil años y desde donde su cultivo se fue extendiendo a África, América Central y las islas del Pacífico. Los rizomas pueden consumirse frescos, pero lo habitual es que se cocinen de 30 a 45 minutos para luego secarlos al sol o en hornos. Después se convierten en el polvo que se usa como especia o colorante alimentario.

Para las medicinas tradicionales de India y China se trata de un medicamento básico con multitud de indicaciones. Con ella se tratan, entre otros problemas, la mala digestión, los trastornos del hígado, el dolor articular, la fiebre, la tos, las alteraciones menstruales o, en aplicación tópica, los eccemas y otras patologías de la piel.

La variedad de sus beneficios sobre el organismo ha sido confirmada por decenas de estudios. La ciencia atribuye sus propiedades antiinflamatorias, antioxidantes y anticancerígenas a un grupo de compuestos denominados curcuminoides que incluye la curcumina, la demetoxicurcumina y la bidemetoxicurcumina. El más estudiado es el primero, la curcumina, que constituye casi el 4% del peso una vez seca.

Se ha comparado su poder antiinflamatorio con el de medicamentos tan potentes como la hidrocortisona y la fenilbutazona, pero a diferencia de los fármacos, asociados a efectos secundarios como la aparición de úlceras y hemorragias digestivas, la cúrcuma carece prácticamente de toxicidad.

Bienestar digestivo

Sus propiedades antiinflamatorias la indican para una variedad de problemas de salud que a veces no tienen un tratamiento farmacológico satisfactorio, como la enfermedad de Crohn y la colitis ulcerosa. En experimentos con animales de laboratorio se ha podido comprobar que reduce las alteraciones asociadas a estas enfermeda-

POTENTE ANTICANCERÍGENO

Además de los elementos nutricionales, se han descubierto en la cúrcuma 235 compuestos químicos. Los más activos son los curcuminoides que le dan color y que muestran un potente efecto anticancerígeno.

ANTICANCERÍGENA

Algunos tipos de cáncer se desarrollan tras un tiempo en que los tejidos han estado sometidos al estrés de la inflamación. Como la curcumina es muy antiinflamatoria, y además antioxidante, es lógico deducir que posea un efecto anticancerígeno. En laboratorio se ha observado que es capaz de inhibir la multiplicación de células cancerígenas e inducir su apóptosis (suicidio) en el cáncer de pulmón. La Universidad de Texas está investigando su efecto en los cánceres de piel, páncreas y boca. Los estudios epidemiológicos muestran que quienes consumen cúrcuma con frecuencia disfrutan de un riesgo menor de cáncer de mama, próstata, pulmón y colon.

ANTIOXIDANTE

La cúrcuma refuerza el hígado, elevando las tasas de las enzimas glucuronil transferasa y glutatión s-transferasa, que eliminan compuestos tóxicos; inhiben la síntesis de proteínas necesarias para que se desarrollen tumores, y previenen el desarrollo de los vasos sanguíneos que los alimentan. Esta acción múltiple podría explicar los resultados de una investigación con ratones de la Universidad de Texas, según la cual la cúrcuma reduce las probabilidades de metástasis tras una intervención oncológica.

BUENA PARA EL CORAZÓN

La curcumina resulta asimismo ventajosa para el sistema cardiovascular. Sube el colesterol bueno y baja el malo, pero sobre todo dificulta su oxidación. También tiene algo que aportar frente a las enfermedades neurodegenerativas, y el alzheimer en especial.

COMPOSICIÓN NUTRICIONAL (Por cada 100 gramos)

Energía	312 kcal	Potasio	2 g	Vitamina C	0,7 mg
Carbohidratos	67 g	Calcio	168 mg	Vitamina B2	0,15 mg
Proteínas	9,7 g	Fósforo	299 mg	Vitamina B3	1,3 mg
Grasas	3,2 g	Magnesio	208 mg	Vitamina B6	0,1 mg
Fibra	23 g	Hierro	55 mg	Ácido fólico	20 mcg
Agua	13 g	Cinc	4,5 mg	Vitamina E	4,4 mg

des, como las úlceras en la mucosa o el engrosamiento de las paredes intestinales. Los investigadores todavía no saben cómo consigue la cúrcuma estos efectos fisiológicos. Se cree que puede ser debido a la acción antioxidante y más específicamente a la inhibición de un agente celular denominado NF kappa- B, que ordena a ciertos genes la producción de moléculas inflamatorias. También es una ayuda ante molestias mucho más populares y leves, como los gases o la hinchazón.

Remedio frente a la artritis

Más allá del sistema digestivo, uno de los trastornos en que la cúrcuma puede resultar más útil es la artritis. La combinación de propiedades antioxidantes y antiinflamatorias explica por qué muchas personas sienten mejoría si condimentan habitualmente los platos con cúrcuma. En estudios recientes, la eficacia de la curcumina para aliviar el dolor y reducir la hinchazón y rigidez articulares por las mañanas fue comparable a la de la fenilbutazona. Un estudio clínico realizado con 18 pacientes de artritis reumatoide mostró que mejoraban tras dos semanas de tratamiento con 120 mg diarios de curcumina. En las poblaciones orientales que la usan la incidencia del trastorno es cuatro veces inferior que en Europa o Estados Unidos.

Un toque oriental en los platos

Aunque la cúrcuma es una especia mucho menos valorada que el azafrán –y también más económica– constituye un verdadero tesoro culinario que traspasa las fronteras para dar color y sabor a gran variedad de platos. Suele comercializarse molida, aunque es posible encontrar el rizoma entero y seco. Sabe ligeramente dulce, con toques de madera sobre un fondo picante, muy leve, y ligeramente amargo, por lo que debe utilizarse con mesura.

Su uso es característico de la cocina india, que la mezcla hábilmente con otras especias para lograr sutiles diferencias de sabor y condimentar todo tipo de platos. Se incluye en muchas mezclas de curry, a las que da color amarillo, en chutneys, mostazas suaves, salsas y encurtidos. Se usa también como colorante alimentario.

En la cocina india cada curry tiene su personalidad y sirve para un tipo de plato. Estas son algunas combinaciones con cúrcuma que se pueden utilizar condimentos:

- Cúrcuma, comino y cayena, ideal para legumbres.
- Cúrcuma, pimienta negra, jengibre y cardamomo, para verduras dulces como la zanahoria y la calabaza.
- Cúrcuma, pimienta, canela, cardamomo, jengibre y clavo, para elaborar pan de especias.
- Cúrcuma, cilantro, guindilla y comino, para verduras y legumbres.
- Cúrcuma, garam masala (una mezcla de cardamomo, canela, clavo y pimienta), guindilla y jengibre.

Con mantequilla o "ghee"

Las especies molidas suelen añadirse al final de la cocción, para aprovechar más su aroma y sabor. En cambio, si se emplean enteras, se tuestan al fuego o se sofríen al principio de la cocción con mantequilla clarificada o con ghee, una grasa que no oculta su sabor.

Desde el punto de vista culinario, el aceite de oliva puede resultar demasiado fuerte y destacar demasiado por encima de las especias. En caso de emplearse, conviene que sea uno suave o hacerlo en pequeña cantidad. Otra opción es utilizar aceite de girasol de primera presión en frío, que tiene un sabor más suave.

Aparte de utilizarse en platos de curry, la cúrcuma se puede añadir al arroz, las legumbres, los pescados y mariscos, sopas, verduras y platos picantes. Puede quedar muy bien como ingrediente del aliño de una ensalada de apio y en recetas con huevo.

Lentejas coral con cilantro y cúrcuma

4 | 60 min | **Ración:** 238 kcal. Hidratos de carbono: 29 g. Proteínas: 13 g. Grasa: 8 g

INGREDIENTES:

- 1 cebolla blanca, 1 pimiento verde y 2 tomates medianos
- 200 g de lentejas coral
- 2 cm de raíz de jengibre
- 2 dientes de ajo picados
- 1 cucharadita de cúrcuma, comino y pimienta negra
- 1 guindilla de Cayena, 1 hoja de laurel y cilantro fresco.

PREPARACIÓN

1. Se cortan a daditos la cebolla y el pimiento. Los tomates se pelan y se les quitan las semillas. Se ralla el jengibre y se pica el ajo. Se muele el comino y la pimienta negra. Se retiran las semillas de la pimienta de Cayena.

2. Se sofríe la cebolla con aceite, mantequilla y sal. Se añaden el pimiento y la guindilla, y una vez blandos, el ajo y el jengibre. Hacia el final, se incorporan el tomate, el comino, la pimienta y la cúrcuma.

3. Se añaden las lentejas y el laurel al sofrito ya hecho y se cubren con agua o caldo vegetal. Se cuece 20 minutos a fuego suave y se decora con cilantro.

Samosas de verduras

4 | 60 min | **Ración:** 192 kcal. Hidratos de carbono: 21 g. Proteínas: 5 g. Grasa: 7 g

INGREDIENTES:

- 6 hojas de pasta brick
- 100 g de: cebolla, puerro, zanahoria, pimiento rojo, calabacín, judía verde y 1 trozo de col
- 1 cucharadita de cúrcuma, otra de jengibre, media de comino en grano, media de semillas de cilantro y un poco de cilantro fresco
- Ajo picado y zumo de limón

PREPARACIÓN

1. Se cortan todas las hortalizas y verduras en tiras muy finas y se sofríen en aceite añadiéndolas por este orden: cebolla, puerro, pimiento, zanahoria, ajo, col y calabacín. Al final se incorporan las judías, previamente hervidas.

2. Se muelen las semillas con el jengibre y se añade la cúrcuma. Se vierten sobre las verduras y se deja al fuego 5 minutos. Se salpimienta y se rocía con zumo de limón y cilantro fresco.

3. Las hojas brik se cortan en dos. Se pone el relleno sobre cada mitad y se pliegan en forma de triángulo. Se fríen en aceite y se sirven con una mayonesa a la cúrcuma.

CEREALES NUTRITIVOS

La diosa griega Démeter enseñó a los hombres a cultivar la tierra, recoger el trigo y elaborar el pan. Los romanos la llamaron Ceres y de ella deriva la palabra cereal. Gracias a esas semillas los seres humanos llevan milenios viviendo en las zonas templadas del planeta. Además de constituir la base de la dieta mediterránea, son los alimentos más adecuados para el organismo junto a frutas y verduras. Gracias a su riqueza en hidratos de carbono, constituyen la fuente más saludable de energía. Si además son integrales –con cascarilla y germen– aportan más fibra, proteínas, vitaminas, minerales y grasas saludables.

Arroz integral
El cereal más sano

Sabroso y nutritivo, no solo favorece la salud intestinal, sino que evita los indeseables altibajos de energía y equilibra el estado de ánimo.

El arroz es el sustento básico de más de la mitad de la población mundial y, probablemente, el cereal más apreciado por sus equilibradas propiedades nutricionales. Tanto es así que en la mayor parte de Asia estos deliciosos granos han sido tratados, desde la tradición, con una enorme reverencia. El arroz forma parte de los ritos, ceremonias y leyendas más ancestrales desde la India a Extremo Oriente, donde se le atribuye un papel poco menos que sagrado.

Este apreciado alimento (*Oryza sativa*) empezó a cultivarse unos seis mil años antes de Cristo en varias regiones distintas al mismo tiempo; los granos de tipo corto, en los alrededores del río Yangtze, y las variedades de grano largo, algo más tarde, en el sudeste asiático.

Desde Oriente, el cultivo del arroz se fue extendiendo, muy lentamente, hasta llegar al Mediterráneo hacia el año 800 aC. Sin embargo, fueron los árabes quienes más difundieron su cultivo, desde Egipto a la península Ibérica. Españoles y portugueses lo introdujeron después en América. Hoy día se conocen cerca de siete mil variedades de arroz, si bien se pueden dividir en tres grandes grupos: las de grano corto y grueso, de origen chino; las de grano alargado y estrecho, procedentes del norte de la India; y las de grano medio o semilargo, propias de Indonesia. Cada uno de estos arroces tiene unas cualidades únicas y necesita un tratamiento distinto en la cocina.

Equilibrio nutricional ejemplar

El arroz integral es un tesoro alimenticio, pues conserva el salvado, donde se concentra casi toda la fibra, junto a mayores dosis de minerales y vitaminas que el blanco. Además de aportar casi todos los nutrientes básicos, los contiene en una proporción muy beneficiosa para la nutrición humana.

Es muy rico en hidratos de carbono (78%), que lo convierte en un alimento energético, recomendable para quienes realizan un trabajo muscular intenso. Como en la mayoría de cereales, su contenido en grasas, en cambio, es muy pequeño. Aunque posee menos proteínas que el trigo (8% frente a 11,5%), resultan muy aprovechables y digeribles, con una cantidad considerable de triptófano y lisina. La gran ventaja del arroz es que sus proteínas no contienen gluten, por lo que es perfectamente tolerado por los celiacos. Tampoco se encuentra entre los alimentos alérgenos.

ENERGÍA Y SERENIDAD

La fibra, los minerales como el magnesio y el fósforo, así como las vitaminas del grupo B, se concentran en el salvado, la cutícula que se conserva intacta en el arroz integral.

ENERGÍA DURADERA

El arroz es una excelente fuente de energía por su riqueza en hidratos de carbono. Entre ellos el más abundante es el almidón, que tiene la ventaja de absorberse con lentitud, con lo que procura al organismo energía gradual y evita que se produzcan picos de glucemia en la sangre. Esta lentitud se acentúa en el arroz integral, gracias a su mayor riqueza en fibra (2,8%), y también en el basmati, más rico en amilosa y con menos amilopectina. Por ello ambos tipos de arroz se consideran adecuado para diabéticos.

EFECTO RELAJANTE

El aminoácido triptófano, presente en las proteínas, posee efecto relajante, que se potencia con el magnesio y las vitaminas del grupo B, esenciales para el equilibrio del sistema nervioso y para la producción de energía. Tanto el magnesio como las vitaminas B se concentran en el salvado; de ahí que la mayor parte se pierda en el arroz blanco. En el arroz vaporizado, al calentarse y secarse antes del descascarillado, parte de las vitaminas y minerales pasan al grano y la pérdida es algo menor. Una ración de 80 gramos en crudo de arroz integral proporciona el 30% del magnesio que se precisa al día, una cuarta parte de las vitaminas B3 y B6, una quinta parte de B1 y B5 y hasta un 16% del ácido fólico.

SALUD CARDIOVASCULAR

En los casos de hipertensión arterial, el consumo de arroz contribuye a su normalización, gracias a su bajo contenido en sodio y a la presencia de potasio, que incrementa la diuresis (la formación de orina). Los polifenoles del arroz también tienen un efecto antihipertensivo.

COMPOSICIÓN NUTRICIONAL (Por cada 100 gramos)

Energía	345 kcal	Magnesio	131 mg	Manganeso	3,7 mg
Carbohidratos	73,4 g	Fósforo	300 mg	Selenio	23 mg
Proteínas	8 g	Hierro	2 mg	Vitamina B1	0,3 mg
Grasas	2,2 g	Calcio	33 mg	Vitamina B3	6,8 mg
Fibra	2,8 g	Potasio	268 mg	Vitamina B6	0,6 mg
Agua	13,6 g	Cinc	2 mg	Ácido fólico	40 mcg

El primer órgano que se beneficia de un buen plato de arroz integral es el intestino. Esto es debido a que su fibra alimenticia cumple una función reguladora muy importante en el tránsito intestinal y a que su salvado, a diferencia de lo que a veces ocurre en otros cereales, no resulta irritante. Además, sus mucílagos contribuyen a reparar la mucosa inflamada, algo muy recomendable en personas con el síndrome de colon irritable.

El bajo contenido en sodio y la presencia de potasio convierten al arroz en un protector del sistema cardiovascular, ya que promueve la estabilidad de la presión arterial y ayuda a regular la frecuencia cardiaca. Este mismo efecto se ve potenciado por la acción del magnesio que además de facilitar la absorción de estos minerales protege el recubrimiento de las arterias de la agresión que pueden suponer los cambios súbitos de la presión sanguínea. Además, las vitaminas del grupo B reducen los niveles de ciertas moléculas que podrían dañar las paredes de los vasos sanguíneos.

Anticolesterol y anticáncer

Su generoso contenido en fibra ayuda a reducir el nivel de colesterol, pues absorbe el exceso de estos lípidos y los elimina por vía intestinal. El consumo regular también puede ejercer cierta protección frente al cáncer, especialmente de colon, mama y próstata, gracias a la acción sinérgica de varios de sus componentes. El primero de ellos es su fibra insoluble, que al acelerar el tránsito digestivo ayuda a reducir el efecto de ciertas sustancias cancerígenas sobre las mucosas del intestino. Esta protección está potenciada por la acción del selenio, que además de inhibir la oxidación de las grasas, protege el sistema inmunitario y evita la formación de radicales libres. Para que el selenio pueda cumplir estas funciones es necesaria la colaboración de la vitamina E, que también se encuentra en el arroz integral.

El arroz, como muchas otras semillas, contiene además una elevada concentración de inhibidores de la proteasa que tienden a bloquear la fase inicial de ciertos procesos cancerígenos

Una joya en la cocina

El arroz integral es un alimento versátil que no cansa al paladar. Absorbe los sabores, se adapta a recetas dulces o saladas y combina con la mayoría de hortalizas, todos los productos lácteos e incluso algunas frutas frescas.

Gracias a todas estas cualidades, puede protagonizar recetas completas que pueden servir de plato único, aunque conviene que se acompañe de hortalizas, legumbres o algas para enriquecerlo nutricionalmente. Esto se puede hacer utilizándolo, por ejemplo, en rellenos de verduras como calabacines, berenjenas y pimientos al horno, o en risottos y paellas.

También resulta excelente como guarnición, para lo que se puede aumentar su presencia dándole forma con un molde engrasado en aceite y salpicándolo de verde con cebollino o perejil picado.

El arroz resulta apetitoso tanto frío como caliente. Esta cualidad, junto con su facilidad para combinar con otros alimentos, lo hace ideal para crear ensaladas, en las que puede mezclarse con hojas verdes, semillas y frutas frescas o desecadas. También permite elaborar postres como el clásico arroz con leche. Yogur, kéfir, miel y especias como el clavo de olor, la canela o la vainilla dan muy buenos resultados con el arroz en las recetas dulces.

Es importante elegir bien el arroz. Los granos largos quedan sueltos y enteros, por lo que son ideales para ensaladas, guarniciones y curries. Los cortos y redondos son idóneos para los postres, ya que al liberar almidón les dan consistencia cremosa. Los medios o semilargos se usan en paellas, al horno o a la cazuela, pues tienen una textura agradable y absorben mejor los sabores.

Ensalada basmati con queso

4 | 75 min | **Ración:** Calorías: 346. Hidratos de carbono: 46,5 g. Proteínas: 16 g. Grasas: 11 g. Col.: 20 mg

INGREDIENTES:

- 200 g de arroz integral basmati
- 250 g de hojas de espinacas
- 2 cebollas rojas
- 1 cucharada de cilantro
- 2 cucharadas de comino
- Aceite de oliva virgen extra
- Aceite de nueces y sal
- 150 g de queso tierno de cabra
- 150 g de yogur natural

PREPARACIÓN

1. Se calienta aceite y se saltea el comino y el ajo. A continuación se agregan el arroz y el caldo, con sal, el cilantro y un chorro de aceite. Cuando hierva, se baja el fuego y se cuece a fuego lento.
2. La cebolla se pela, se corta en aros finos y se sofríe con un poco de aceite bien caliente.
3. Las espinacas se empapan con el aceite de nueces y se reparten en platos individuales. Por su parte, el queso de cabra se bate con el yogur. Con un tenedor se suelta bien el arroz y se reparte sobre las hojas de espinacas. Se cubre el arroz con la cebolla y se corona con la crema de queso y yogur.

Arroz con pinchitos de pollo y piña

4 | 15 min | **Ración:** 215 kcal. Hidratos de carbono: 25 g. Proteínas: 16 g. Grasa: 5 g

INGREDIENTES:

- 2 pechugas de pollo
- 4 rodajas de piña
- 1 diente de ajo
- Una pizca de jegibre molido
- Aceite de oliva, sal y pimienta

Para la guarnición:

- 3 tacitas de arroz integral
- 1 tomate, 1 zanahoria
- 1 ramita de perejil

PREPARACIÓN

1. Se cuece el arroz durante unos 40 minutos aproximadamente.

2. En una cazuela con dos cucharadas de aceite oliva virgen extra, se rehogan la zanahoria y el tomate cortados en daditos muy pequeños. Se salpimienta y se añade el arroz escurrido y el perejil picado. Se mezcla y se reserva.

3. Se cortan las pechugas en daditos y se dejan macerar 1 hora con el diente de ajo picado, el jengibre y un hilo de aceite. Luego, se ensartan en los pinchos, alternándolos con daditos de piña. Se salpimientan y se asan en una plancha bien caliente durante 2 minutos por cada lado. Sírvelos con el arroz integral.

La avena
Energética y protectora

Sabrosa y abundante en proteínas, ayuda a regular el colesterol y a prevenir los altibajos de glucosa y de estado de ánimo.

Los antiguos romanos se burlaban de los germanos llamándoles "bárbaros comedores de avena". Para ellos no era más que una mala hierba usada como forraje para caballos. Pero así como la hegemonía romana no fue eterna, la avena fue abriéndose paso poco a poco en los países del sur. Hoy la toman desde deportistas, culturistas y pacientes de muy diverso tipo hasta parejas que desean aumentar su fertilidad.

La avena fue el último grano en empezar a cultivarse. Aún hoy se consume solo el 5% de la producción mundial mientras que la mayor parte sigue destinándose a pienso de caballos. Es verdad que, sin el tratamiento adecuado, sus granos se enrancian con facilidad y que no es tan productiva como otros cereales, pero tras esas superables excusas encontramos un maravilloso cereal. Su cultivo comenzó en torno al mar Caspio y las llanuras del Cáucaso. Desde ahí llegó por el este hasta el Lejano Oriente, China e India, expandiéndose hacia el oeste y el norte de Europa, donde encontró su mejor hábitat. Sus mayores entusiastas son sin duda los escoceses. Su plato nacional, el porridge, sigue provocando acalorados debates sobre la forma más auténtica de elaborarlo. Conservan recetas del siglo XVIII. En aquella época, la dieta de un labrador escocés soltero consistía casi solo en 8 kg de avena a la semana, bien remojada con leche y aderezada con sal. Y desde luego eran famosos por su fortaleza y resistencia. Cierto es que su amor a este cereal también guarda alguna relación con la elaboración de algunas variedades de whisky.

Rústica y agradecida

La avena no solo es nutricionalmente muy completa, sino que supera con mucho a otros cereales más populares, tanto por su aporte de proteínas como de grasas saludables. Además aporta buenas cantidades de vitaminas y minerales. Todo lo que se sabe hoy confirma o amplía algunos de los conocimientos de la medicina popular, y permite afirmar que la avena es un alimento efectivo para conservar la salud o ayudar a recuperarla. Contiene una fibra llamada betaglucano, que a diferencia de la de otros cereales es de tipo soluble. Esta fibra es lo que le ha valido el reconocimiento de alimento funcional. Consumir 3 g diarios de la misma (o 75 g de copos o 40 g de salvado), baja el colesterol de forma evidente en pocas semanas. También beneficia a diabéticos no insulino-dependientes al contribuir a estabilizar

EL CEREAL MÁS COMPLETO

Gracias a la fibra y a los hidratos de carbono en forma de almidón, la avena procura energía de forma gradual y protege el corazón. Los copos integrales son tan nutritivos como el grano.

ENERGÍA SANA

El contenido en hidratos de carbono de la avena se sitúa en torno al 60%. Se trata en su mayor parte de polisacáridos de absorción lenta, que proporcionan mayor sensación de saciedad después de comer, y que van aportando energía de manera moderada pero constante durante horas. A este efecto contribuye su riqueza en fibra (6,7%). Con ello se evita la aparición de sensación de cansancio y la ansiedad que luego lleva a comer en exceso. De esta manera ayuda a mantener los niveles de glucosa bajo control.

PROTEÍNAS

Su aporte (13,8%) es el más alto entre los cereales. Además se trata de proteínas de buena calidad biológica, pues proporcionan 6 de los 8 aminoácidos esenciales. Consumirla junto a una legumbre, cocinada por ejemplo con leche de soja o con lentejas o alubias, permite obtener proteínas más completas.

MÁS GRASAS, PERO BUENAS

Las grasas de la avena también marcan máximos: frente al 2% de media de los otros cereales, contiene un 7%. Esto no debe asustar, ya que no representa ni el 20% del total de sus calorías (frente al 30% que se aconseja para una dieta equilibrada). Además, la mayoría, el 70%, son insaturadas y recomendables.

RICA EN MICRONUTRIENTES

Una ración de 50 gramos de copos de avena aporta el 25% del fósforo diario, el 20% del magnesio, el 15% del hierro, el 50% del manganeso y el 22% de la vitamina B1. Además aporta algo de potasio, calcio, selenio, silicio, cobre, cinc y vitaminas E, B2 y B3, así como numerosos compuestos antioxidantes y antiinflamatorios.

COMPOSICIÓN NUTRICIONAL (Por cada 100 gramos)

Energía	384 kcal	Potasio	360 mg	Vitamina B1	0,56mg
Carbohidratos	61,2 g	Fósforo	405 mg	Vitamina B2	0,15 mg
Proteínas	13,8 g	Magnesio	139 mg	Vitamina B3	1,12 mg
Grasas	7 g	Hierro	5,1 mg	Vitamina B5	0,7 mg
Fibra	6,7 g	Cinc	4,4 mg	Ácido fólico	32 mcg
Agua	10,3 g	Manganeso	4,9 mg	Vitamina E	1 mg

el azúcar en la sangre: tomarla en el desayuno ayuda a mantener este nivel más estable. Y en obesidades severas puede reducir la hipertensión.

La lecitina o fitoesteroles como el avenasterol o el betasitosterol poseen efectos comprobados en el control del colesterol plasmático y el LDL o "malo". Protegen ante algunos tipos de cáncer, como los de colon, mama o próstata, y ante la enfermedad coronaria. Además, la avena estimula la glándula tiroides, que participa en el metabolismo de las grasas.

Los avenacósidos son otras sustancias que han dado lugar a un negocio floreciente: son similares a la hormona testosterona y se emplean en productos nutritivos pensados para deportistas porque consolidan la musculatura.

Por otra parte, el contenido de vitamina B1, calcio y alcaloides (indol, trigonelina o avenina) tonifica el sistema nervioso y puede ayudar a relajarse, concentrarse y prevenir el agotamiento mental.

Un alivio para el sistema digestivo

En medicina naturista se recomienda la avena para una variedad de trastornos. Se indica para las gastritis y úlceras digestivas, así como para las situaciones de estreñimiento (en decocción de grano entero) o diarrea (en decocción de grano sin cáscara). También para prevenir afecciones génito-urinarias como la cistitis, la uretritis o la oliguria.

A las mujeres se les recomienda para evitar deficiencias, y tras el parto, para estimular la producción de leche.

También se utilizan aplicaciones externas para el dolor muscular (en emplastos de harina integral con vinagre caliente) o para las dermatitis, urticarias y similares (en baños o como ingrediente cosmético).

Para los celiacos, aún no existen datos suficientes para autorizarla o no. Hay afectados que toleran pequeñas cantidades y países como Finlandia que la incluyen entre los alimentos permitidos, pero algunos estudios demuestran trastornos tras su consumo. En general los resultados son mejores con la llamada avena "pura" o "limpia", disponible en estos países nórdicos.

Sabor por descubrir

El grano pelado se puede preparar como cualquier otro cereal. Necesita remojo previo y entre 2 y 3 veces su volumen de agua y tarda entre 30 y 40 minutos en cocerse, o solo 12 en la olla a presión. Salteado con un poco de aceite y ajos hasta que se dore, y después cocido, se tendrá listo para saltear con vegetales, al estilo oriental. Una vez cocido y frío puede añadirse a las ensaladas para hacerlas más completas. Para acostumbrarse a su sabor, se puede mezclar con arroz, quinoa o cuscús.

El risotto cremoso es otra receta muy recomendable. Se puede prescindir de la nata y la mantequilla, muy calóricas, y cocerlo con leche de soja y agua. Al final, para espesarlo más, se le puede añadir crema de avena. Son suficientes 40 o 50 gramos por persona.

Los copos son la opción práctica. Se adaptan a casi cualquier receta, como la clásica del muesli para el desayuno. Si no se quieren cocinar, basta con dejarlos en el frigorífico la noche antes, remojados con leche o yogur. Así su digestión será más fácil. También se pueden preparar hamburguesas, filetes rusos, croquetas, rebozados, rellenos de hortalizas o lasañas, y por supuesto recetas dulces: bollería, pastas, cremas, budínes, flanes o granolas crujientes. El copo instantáneo es más sencillo aún de utilizar, pero su valor nutritivo es bastante menor.

El salvado puede añadirse a zumos de frutas, yogures, mueslis, masas de harina refinada, salsas o sopas. Pero sin duda la leche lista para tomar –con un sabor muy agradable, suavemente dulce, sin colesterol ni lactosa– pone muy fácil incorporar la avena a la dieta.

Escalope de avena y hortalizas

4 | 70 min | **Ración:** 258 cal. Hidratos de carbono: 24 g. Proteínas: 9 g. Grasa: 14 g

INGREDIENTES:

- 4 cucharadas de copos de avena
- 250 ml de leche de avena
- 1 cebolleta y 2 dientes de ajo
- 1 zanahoria pequeña rallada
- 1 paquete de tofu
- Salsa de soja y harina de avena
- 2 cucharadas de guisantes cocidos
- 2 cucharadas de cebollino fresco
- 4 cucharadas de aceite de oliva

PREPARACIÓN

1. Se saltean la cebolleta, el ajo y la zanahoria rallada en dos cucharadas de aceite de oliva o sésamo durante 10 minutos.

2. Se desmenuza el tofu, se mezcla con lo anterior, la salsa de soja y la harina de avena, y se aplasta todo con el tenedor. Después se añaden los guisantes.

3. Se cuecen los copos con la leche y una pizca de sal durante 15 minutos. Se escurren y, todavía calientes, se unen con la mezcla de tofu. Se amasa todo y se deja enfriar.

4. Se moldean los escalopes y se cocinan a la plancha con otras dos cucharadas de aceite. Se pueden acompañar de ensalada y cebollino.

Ensalada de avena y lentejas

4 | 70 min | **Ración:** 311 cal. Hidratos de carbono: 32 g. Proteínas: 10 g. Grasa: 17 g

INGREDIENTES:

- 90 g de avena en grano
- 250 g de lentejas cocidas
- 80 g de mezcla de hojas verdes
- 50 g de judías verdes cocidas
- 4 espárragos trigueros
- Medio pimiento rojo, media cebolleta y 2 dientes de ajo
- Salsa de soja y vinagre de Jerez
- 6 cucharadas de aceite

PREPARACIÓN

1. Se pone la avena en remojo durante la noche anterior. Se escurre. Se pica el ajo y se rehoga con la avena y dos cucharadas de aceite durante 7 u 8 minutos. Se añade el doble de agua y sal y se cuece 45 minutos. Se deja enfriar.

2. Se disponen en la fuente las hojas verdes de ensalada. Se corta el pimiento en dados y la cebolleta, y se mezclan con la avena y las lentejas. Se reparten sobre las hojas verdes.

3. Se cortan las judías en tiras finas y se pasan los espárragos por la plancha. Se decora la ensalada con ambos ingredientes y se aliña con la salsa de soja, el vinagre y el resto del aceite.

FRUTAS VITALIZANTES

Las frutas son quizá la insignia de una alimentación sana y natural. Aportan energía fácil de asimilar y están repletas de micronutrientes esenciales para el mantenimiento de la salud. Además de cautivar con sus atractivos sabores, colores y formas, se suelen comer tal como la naturaleza las ofrece, con su riqueza intacta en vitaminas, minerales, enzimas y compuestos fitoquímicos antioxidantes. Su enorme diversidad permite seleccionar las que más se adaptan al gusto personal en las distintas estaciones del año. Arándanos, manzanas, plátanos y uvas destacan por su increíbles propiedades.

Arándano
Una joya de la naturaleza

Esta baya, que da un toque exquisito a muchos platos, es un poderoso antioxidante, protege de las infecciones y mejora la circulación.

El arándano es una baya típica de Norteamérica y los países nórdicos europeos, que también abunda en el norte de la península Ibérica. Prueba de que el arándano es un tesoro peninsular es la cantidad de sonoros nombres que le hemos dado. En Galicia los pequeños aprenden enseguida a llamarlos arandos o uvas-do-monte. En Cantabria, Asturias y Castilla-León son las arandillas, meruéndanos o ráspanos. En el País Vasco los conocen como *abi*, *arabi* o *azari-mats*. Y, en Cataluña, son *mirtils*, *naions*, *nabius*, *anajós* o *raïms de pastor*.

En España y Europa, los arándanos azules corresponden a la especie *Vaccinium myrtillus*, una mata de 10 a 20 cm de altura que crece en brezales, entre pinos y helechos. Los arándanos azules que se encuentran en las tiendas proceden de Estados Unidos, Suráfrica y otros países. Pertenecen a la especie *Vaccinium cyanococcus*, un arbusto que puede alcanzar los cuatro metros de altura. El arándano europeo o mirtilo es algo más pequeño y oscuro, y su pulpa es azulada.

También existen variedades rojas, que se suelen comercializar secas o en extracto, con fines medicinales. Estos arándanos rojos proceden normalmente de Estados Unidos, donde se los conoce como *cranberry*. Al ser muy ácidos, apenas se consumen frescos. De hecho, se cosechan a máquina y no a mano como los azules, porque no importa tanto que queden un poco dañados.

Un tesoro para la salud

El arándano es una falsa baya con una corona en el extremo. Cuando aparece es de color verde pálido, luego adquiere un tono rojizo y, finalmente, azul oscuro, con una pruina blanquecina, como la de las uvas. Entre julio y septiembre está listo para ser recogido.

Los componentes más destacados de los arándanos son las antocianinas que les dan color. Se hallan en mayor proporción en los arándanos silvestres de pulpa oscura y poseen propiedades antioxidantes y antiinflamatorias. Si se consumen en cantidades suficientes, reducen el riesgo de sufrir una gran variedad de enfermedades, ya que contrarrestan el efecto de los radicales libres.

Las propiedades del arándano parecen beneficiar sobre todo al cerebro. Varios estudios indican que su consumo habitual hace más lento el declive cognitivo asociado al alzheimer y otras enfermedades degenerativas.

Una indicación tradicional de los arándanos es la prevención y tratamiento de infecciones urinarias. Al pare-

LA SUPERFRUTA DEL SIGLO XXI

Por sus extraordinarias propiedades, el arándano es considerado como una superfruta. Es un potente antibiótico, antiinflamatorio, antidiarreico y antioxidante. Además, ayuda a prevenir ciertos tipos de cáncer.

GRAN PODER ANTIOXIDANTE

Esta extraordinarioa cualidad se debe a la acción combinada de sus ácidos orgánicos y las 15 antocianinas que les confieren su peculiar color, entre las que cabe citar la mirtilina, la cianidina, la definidina, la malvidina, la peonidina y la petunidida. Además, los arándanos contienen proantocianidinas, una docena de flavonoides y taninos que poseen un efecto similar. Uno de ellos es el resveratrol, que también se halla en las uvas negras y que es ampliamente conocido por su efecto anticancerígeno.

Diversos estudios llevados a cabo por la Universidad de Clemson y el Departamento de Agricultura de Estados Unido han llegado a la conclusión de que el arándano es uno de los alimentos con mayor poder antioxidante.

RICOS EN MICRONUTRIENTES

Destaca la presencia, en niveles notables, de minerales esenciales como el manganeso (100 g de arándanos nos aportan el 20% de la cantidad diaria recomendada), vitamina C (el 17%), así como diversas vitaminas del grupo B.

PREVIENEN LA DIABETES

La abundancia de fibra –y especialmente pectina, que alimenta la flora intestinal– ayuda a regular el tránsito digestivo y hace que sus azúcares (fructosa, glucosa y sacarosa) lleguen a la sangre de forma paulatina. Estas propiedades, junto a la acción de la hidroquinona libre, una sustancia antioxidante e hipoglucemiante, los hace recomendables para personas con diabetes o que siguen dietas de adelgazamiento. La pectina también le confiere propiedades preventivas frente a los cánceres digestivos.

COMPOSICIÓN NUTRICIONAL (Por cada 100 gramos)

Energía	60 kcal	Potasio	77 mg	Vitamina C	10 mg
Carbohidratos	14,5 g	Calcio	6 mg	Vitamina B2	0,02mg
Proteínas	0,7 g	Fósforo	13 mg	Vitamina B3	0,1 mg
Grasas	0,3 g	Magnesio	6 mg	Vitamina B6	0,06mg
Fibra	2,4 g	Hierro	0,3 mg	Ácido fólico	1mcg
Agua	82 g	Cinc	0,10 mg	Vitamina A	3mcg

cer, actúan mediante un doble efecto: por su abundancia en ácidos orgánicos aumentan la acidez de la orina e impiden la proliferación de bacterias, a la vez que sus flavonoides desinflaman las paredes venosas e impiden que los microorganismos se adhieran y se multipliquen. También actúan contra las infecciones digestivas y varios estudios han demostrado que sus componentes impiden que bacterias como la *Helicobacter pylori* se fijen a las paredes del estómago y causen úlcera e incluso cáncer. Los ácidos orgánicos elágico, cloragénico y cumárico refuerzan este efecto anticancerígeno, especialmente frente a los tumores de estómago, hígado, colon y piel.

Favorecen la circulación

Se ha demostrado la eficacia de los arándanos para bajar la hipertensión, reducir los triglicéridos, aumentar el colesterol "bueno" y prevenir la oxidación del "malo", efectos que ayudan a prevenir las enfermedades circulatorias y del corazón.

Buena parte de estos beneficios pueden deberse a la capacidad de varios componentes para mejorar el estado de las vasos sanguíneos más finos que irrigan los órganos. Por esta misma razón, favorecen el buen estado de las arterias, reducen las varices y venitas superficiales, y ayudan a disolver trombos que podrían causar infartos cerebrales o cardiacos.

Investigaciones de laboratorio indican que los arándanos pueden prevenir y mejorar la degeneración macular y otros problemas de ojos. En medicina popular se usan las hojas en infusión para diversos trastornos digestivos, infecciones y afecciones de la piel. También se han empleado en casos de diabetes, artritis y problemas de ácido úrico. Sin embargo, la riqueza en taninos de las hojas puede dificultar la absorción de nutrientes, especialmente del hierro, por lo que no se recomiendan a personas con anemia o una alimentación deficiente.

Un toque fresco y ácido

Los arándanos tienen un aroma característico, entre dulce y picante, mientras que su sabor es fresco, ácido y ligeramente amargo. En el mercado se encuentran arándanos azules frescos –de junio a diciembre–, congelados, desecados, prensados, en zumo o gelatina. Suelen tomarse de postre, como fruta de mesa o acompañados de yogur o queso fresco. Por su gran capacidad gelificante, también suelen usarse en jaleas y mermeladas. En tartas y pasteles resultan exquisitos, ya que no empalagan y conservan bastante intacta su forma tras el horneado. Suelen coronar tartaletas de crema o nata montada, previamente untados con almíbar o en gelatina, o emplearse como relleno en magdalenas y crumbles. Hay que procurar no emplear bicarbonato en las masas, para evitar que tomen tonalidades verdes en el horno.

Las combinaciones con frutas siempre dan buen resultado. Se puede optar por frutos rojos, como fresas, frambuesas o grosellas, o elegir un contraste mayor de sabores sirviéndolos con mango, manzana, piña o pera muy maduras.

En ensaladas están deliciosos con brotes de hojas tiernas, frutos secos y quesos y, en cremas de verduras, ofrecen un buen contraste de sabor y color, especialmente las variedades rojas.

En cuanto a los platos principales, combinan muy bien con el sabor fuerte de algunas carnes rojas, pato o pollo, además de hacer gelatinosa la salsa. Son excelentes también con salmón o trucha de río.

Como decoración de canapés resultan exquisitos en los de queso de cabra con eneldo, de salmón ahumado o en los de boquerones en vinagre.

En forma de jalea o gelatina, bien cocidos, son ideales para dar un acabado brillante a una tarta de queso y, combinados con chocolate amargo, permiten elaborar deliciosos bombones.

Ensalada de queso y arándanos

4 | 20 min | **Ración:** 152 kcal. Hidratos de carbono: 3 g. Proteínas: 3 g. Grasas: 5 g. Col:. 6 mg.

INGREDIENTES:

- 50 g de arándanos frescos
- 50 g de canónigos y 50 de rúcula
- Media lechuga francesa
- 100 g de queso rulo de cabra
- 30 g de piñones

Para la vinagreta:

- 1 cucharadita de miel, 2 cucharadas de vinagre de Módena, 7 de aceite de oliva, pimienta y sal.

PREPARACIÓN

1. Se lavan los arándanos y se reservan. Se tuestan los piñones y se reservan también.

2. Se prepara la vinagreta con la miel, sal, pimienta, el vinagre de Módena y el aceite, añadiéndolos y mezclándolos en este orden.

3. Se limpian hoja a hoja los canónigos y la rúcula.

4. Se limpia y se trocea la lechuga.

5. Se disponen las hojas de ensalada en cuatro platos. Se coloca una rodaja de queso en cada plato. Se reparten los piñones y los arándanos, y se riega con la vinagreta.

Variante: Puede sustituirse la miel por una cucharada de mermelada de arándanos.

Flan de requesón con arándanos

4 | 30 min | **Ración:** 328 kcal. Hidratos de carbono: 46 g. Proteínas: 17 g. Grasas: 8 g. Col.: 232 mg

INGREDIENTES:

- 500 g de requesón
- 1 yogur
- 125 g de azúcar
- 4 huevos
- Azúcar para caramelizar

Para el almíbar de arándanos:

- 200 g de arándanos
- 100 ml de agua
- 100 g de azúcar y una piel de limón

PREPARACIÓN

1. Se precalienta el horno a 170 °C.

2. Se limpian los arándanos y se ponen a hervir a fuego lento con el agua, la piel de limón y el azúcar.

3. Mientras tanto, se mezclan en una batidora todos los ingredientes para preparar el flan.

4. A continuación, se calienta al fuego el azúcar para caramelizar con unas gotas de limón hasta obtener el caramelo. Una vez esté listo, se vierte en moldes de flan.

5. Se coloca la mezcla de flan en los moldes y se hornea al baño María unos 15 minutos.

6. Una vez se han cuajado los flanes, se sirven acompañados con los arándanos.

Manzana
La reina de las frutas

Suave y ligera, ayuda a prevenir problemas de salud actúa como bálsamo digestivo, depura y ayuda a regular el colesterol.

La manzana es una de las frutas más antiguas y, quizá, la más simbólica. Sus propiedades nutritivas y medicinales, conocidas desde tiempos remotos, le han valido, además, la fama de fruta sana.

Aunque el manzano es oriundo de Europa y Asia, hoy día se cultiva extensamente en todos los continentes, excepto en los países tropicales, ya que el fruto no se desarrolla si no se da algo de frío. El árbol necesita un clima templado y húmedo, así como temperaturas que no desciendan de los -20 ºC.

Cada año se producen en el mundo unos 40 millones de toneladas de manzanas, lo que las sitúa en el cuarto lugar en la producción mundial. Pese a no ser la más cultivada, sí que es la fruta que mejor combina con la práctica totalidad de alimentos y la que, sin destacar especialmente por alguno de sus componentes, presenta un amplio espectro de elementos beneficiosos para la salud.

Alimento medicina

La manzana aporta principalmente hidratos de carbono en forma de azúcares (12,5%) y contiene muy pocas proteínas y grasas. Es rica en vitamina C (una pieza puede cubrir el 30% de las necesidades diarias). También aporta vitamina E (0,32 mg/100 g), potasio (140 mg) y fósforo (10 mg), todo en pequeña proporción. A la vista de una tan poco llamativa composición nutricional, resulta difícil imaginar las extraordinarias propiedades que hacen de la manzana un auténtico alimento medicinal. Sin embargo, son en parte sus componentes no nutritivos los que permiten explicar sus efectos medicinales y preventivos.

Componentes estrella

La manzana incorpora sustancias fitoquímicas desconocidas hasta hace unas décadas, que no aportan energía pero resultan muy beneficiosas para la salud. Contiene pectina, un hidrato de carbono que no se absorbe en el intestino, retiene agua y forma geles que actúan como una emulsión que absorbe desechos y facilita la eliminación de toxinas a través de las heces. Además, según la variedad, entre el 1% y el 1,5% del peso de la manzana corresponde a ácidos orgánicos, sobre todo ácido málico. Al igual que los cítricos, estos ácidos producen un efecto alcalinizante (antiácido) en la sangre y los tejidos. Además, ayudan a renovar la flora intestinal, evitan las fermentaciones y actúan como dentífrico natural.

UNA AL DÍA Y OLVIDA EL MÉDICO

"An apple a day and take the doctor away" dice el refrán anglosajón. Las propiedades de la manzana justifican el dicho popular. Destacan los efectos sobre el sistema digestivo, gracias a las cualidades de la fibra.

FIBRA DESINTOXICANTE

La fibra de la manzana es esencialmente pectina, que posee la capacidad de retener el agua y formar geles. Estos actúan como una emulsión que absorbe desechos y facilita la eliminación de toxinas con las heces. Además sirve de alimento para la flora beneficiosa.

HIPERTENSIÓN

La manzana ayuda a eliminar los iones de sodio que causan la contracción de las arterias, aumento del volumen de sangre y retención de agua en los tejidos. Sustituye el sodio por el ión potasio, que normaliza la presión arterial y mejora el funcionamiento del corazón.

ECCEMAS CRÓNICOS

Al absorber toxinas intestinales, la manzana favorece la limpieza de sangre y piel. Además, ayuda frente al estreñimiento y promueve la depuración del hígado, cuya congestión provoca muchas afecciones de la piel.

ÁCIDO ÚRICO

Una cura de manzanas contribuye a alcalinizar la sangre, lo que facilita la eliminación de ácido úrico con la orina. Además, las sales neutralizan los productos ácidos resultantes del metabolismo proteico. Las personas propensas a ataques de gota, artritis o reumatismo inespecífico pueden mejorar si hacen periódicamente la cura.

GASTROENTERITIS

La pectina elimina toxinas producidas por las bacterias que causan la gastroenteritis. Los taninos secan y desinflaman la mucosa intestinal. Los ácidos orgánicos son antisépticos y regeneran la flora. El paciente debe tomar la manzana asada para digerirla con más facilidad.

COMPOSICIÓN NUTRICIONAL (Por cada 100 gramos)

Energía	52 kcal	Potasio	140 mg	Vitamina C	12 mg
Carbohidratos	12,5 g	Calcio	8 mg	Vitamina B1	0,02 mg
Proteínas	0,3 g	Fósforo	10 mg	Vitamina B2	0,02 mg
Grasas	0,3 g	Magnesio	3 mg	Vitamina B3	0,09 mg
Fibra	2,7 g	Hierro	0,3 mg	Ácido fólico	3 mcg
Agua	84 g	Cinc	0,04 mg	Vitamina E	0,32 mg

Entre el resto de sustancias valiosas de la manzana se encuentran los taninos, que son astringentes y antiinflamatorios; los flavonoides, que evitan que el colesterol se deposite en las paredes arteriales y previenen la arteriosclerosis; y el boro, que facilita la asimilación del calcio y el magnesio, por lo que contribuye a prevenir la osteoporosis.

A todas estas sustancias se deben las muchas propiedades de esta sencilla pero prodigiosa fruta, que es antidiarreica, laxante, diurética, depurativa, hipolipemiante, colerética, tonificante del sistema nervioso, alcalinizante y antioxidante.

Poder preventivo

Las propiedades terapéuticas de la manzana no solo la hacen recomendable para mejorar ciertas afecciones instauradas, sino como preventivo para reforzar la salud. Por ejemplo, comer dos o tres manzanas diarias durante varios meses resulta especialmente eficaz para regular el nivel de colesterol. Ello se debe a que la pectina absorbe las sales biliares en el intestino, una de las materias primas a partir de las cuales el organismo fabrica colesterol, y los flavonoides inhiben la agregación plaquetaria, con lo que se reduce el riesgo de infarto de miocardio. La manzana disminuye también la tendencia a la formación de cálculos biliares.

Para los diabéticos es ideal, porque una buena parte de su azúcar está en forma de fructosa, que no precisa de insulina para entrar en las células, y porque la pectina ayuda a regular la liberación de azúcares, lo que permite que su paso a la sangre sea lento y progresivo

Por otra parte, investigaciones llevadas a cabo en Japón con animales de laboratorio muestran que la pectina de la manzana es capaz de impedir el desarrollo de tumores cancerosos en el intestino. Esta acción preventiva permite recomendar su consumo abundante en pacientes de riesgo y en aquellos que ya han sido intervenidos, para evitar recaídas.

Un alimento que da mucho juego

La manzana cuenta con un lugar privilegiado en la mesa y la cocina. Al natural, bien lavada y con piel resulta deliciosa, mientras que en postres y platos salados ofrece infinidad de posibilidades. Horneada, frita, salteada, en compota, en macedonia, carpaccio... Crea postres excelentes y aporta el contrapunto dulce y ácido a ensaladas, arroces, asados y chutneys, que se equilibran con su efecto ligero y refrescante.

La manzana forma parte de numerosas tradiciones gastronómicas. En Europa encontramos la ensalada waldorf elaborada con granny smith, las tatins francesas, los äpfelstrudel de Austria y Alemania, los hojaldres con manzana, las salsas para el asado, los crumbles y pies ingleses, los buñuelos de manzana, las manzanas horneadas o las rellenas de carne del recetario catalán. En América, pasteles, purés y rellenos tienen con frecuencia a la manzana como protagonista y, en Asia, se emplea en fritos y arroces tipo pilaf.

En crudo, las manzanas dan mucho juego en ensalada, sobre todo con queso y frutos secos. Conviene pelarlas y cortarlas en el último momento y rociarlas con limón para que no se ennegrezcan. Una buena combinación es: endibias, apio, manzana, queso manchego y nueces. En ensaladas de arroz se pueden acompañar de pasas, calabacín, tomate y piñones. Con col y otras crucíferas procuran un buen contraste, ya sea en salteados o ensaladas, y en guisos de verduras y curries aportan dulzor. El puré de manzana puede mezclarse con mayonesa para aliñar platos elaborados con huevo o una ensalada.

Como guarnición, pueden cortarse a dados y rociarse con unas gotas de vinagre de Módena o hervirse en compota para acompañar platos más fuertes.

Brochetas de cerdo y manzana

4 | 40 min | **Ración:** 233 kcal. Hidratos de carbono: 11,8 g. Proteínas: 34,2 g. Grasas: 14,6 g. Col.: 103 mg

INGREDIENTES:

- 600 g de solomillo de cerdo
- 2 manzanas golden
- 2 pimientos verdes
- 1 pimiento rojo
- ½ copita de vino blanco
- 1 diente de ajo
- 1 ramita de perejil
- Aceite de oliva, pimienta y sal
- Unas hojas de lechuga

PREPARACIÓN

1. Se retira el exceso de grasa del solomillo y se corta a dados. Se mezcla la carne con el ajo picados. Se salpimienta y añade el vino blanco y aceite. Se marina en la nevera.

2. Se lavan los pimientos y se cortan a cuadraditos. Se lavan las manzanas y se cortan en ocho partes. Se extraen las pepitas y se reserva. Se escurre la carne y se dora un par de minutos en una sartén con un poco de aceite. Se deja enfriar.

3. Se precalienta el horno a 200 °C. Se montan brochetas de solomillo, manzana y pimiento. Se rocían con el marinado y se hornean 15 minutos a 200 °C. Se sirven con ensalada.

Ensalada de bacalao con manzana

4 | 30 min | **Ración:** 215 kcal. Hidratos de carbono: 16,3 g. Proteínas: 6,9 g. Grasas: 16,3 g. Col.: 7,6 mg

INGREDIENTES:

- 150 g de lechugas variadas
- 100 g de bacalao ahumado
- 1 manzana
- 2 zanahorias
- 30 g de piñones

Para la vinagreta:

- 40 ml de aceite de oliva, 20 ml de vinagre balsámico, 1 cucharada de miel, pimienta y sal

PREPARACIÓN

1. Se lavan las lechugas con abundante agua fría, se escurren bien y se trocean. Se lava la manzana y se corta en gajos finos.

2. Se pelan las zanahorias y se cortan en tiras finas con la ayuda de un pelador. Si se quiere que queden rizadas, se sumergen en agua con hielo unos instantes. Se corta el bacalao en trozos de 2 a 3 centímetros.

3. Se bate el vinagre con la miel, se salpimienta y se agrega, poco a poco, el aceite de oliva mientras se sigue batiendo con un tenedor.

4. Se mezclan la lechuga, la manzana, la zanahoria, el bacalao y los piñones y se aliña con la vinagreta.

Uva
Un racimo de virtudes

Cada grano es una pequeña píldora natural de minerales, vitaminas y sustancias antioxidantes que depuran y regeneran el organismo entero.

De las vides cargadas de generosos racimos se recogen, en septiembre, los apreciados granos de la uva. De la cosecha mundial, unas dos terceras partes se destinan a elaborar vino y solo la tercera parte se emplea como fruta de mesa y para obtener pasas. Sin embargo, disfrutar de ella al natural, con su pulpa dulce y jugosa, es uno de los grandes placeres con los que se despide el verano y se da la bienvenida al otoño.

La uva es el fruto de la vid (*Vitis vinifera*) y crece en racimos, compuestos por una cantidad variable de granos, desde unos pocos hasta más de un centenar. Botánicamente es una baya y no una fruta, pero no debe confundirse con las frutas del bosque. Con ellas comparte su riqueza en antioxidantes, con el mérito de desarrollarlos en terrenos mucho más áridos y condiciones de secano.

Campeona en antioxidantes

Recientes descubrimientos científicos relacionan la buena salud cardiaca de los pueblos mediterráneos con los efectos de algunas sustancias de la uva. En ella destacan dos tipos de nutrientes: los azúcares y las vitaminas del complejo B. En cambio, aporta pocas proteínas y grasas. El potasio, el cobre y el hierro son los minerales más abundantes, aunque también contiene calcio, fósforo, magnesio, azufre y selenio. Todas las vitaminas que aporta la uva cumplen, entre otras, la función de metabolizar los azúcares, lo que facilita que las células puedan asimilarlos y aprovechar así toda su energía.

Fitoquímicos curativos

Pero tanto valor tienen estos nutrientes como otras sustancias que incorpora esta fruta y que ejercen un papel básico en el organismo: los fitoquímicos. Los más importantes son unos pigmentos llamados polifenoles. Las antocianinas son los más abundantes en las uvas rojas –responsables de su color y sabor–, mientras que en las blancas predominan las catequinas. Actúan como potentes antioxidantes y previenen las afecciones cardiacas. La uva también contiene flavonoides, como la quercetina y el resveratrol, que evitan la formación de coágulos en las arterias y la progresión de la arteriosclerosis, además de ser potentes anticancerígenos. Estudios recientes sobre el resveratrol demuestran su eficacia para prevenir el cáncer por su capacidad para bloquear múltiples pasos de la carcinogénesis, regular a la baja las respuestas inflamatorias y reforzar el sistema inmunitario.

ACCIÓN PROTECTORA

Junto a sus azúcares, la uva aporta al organismo una serie de sustancias depurativas, revitalizantes y protectoras, que la convierten en un gran alimento para prevenir ciertas enfermedades.

RESVERATROL
Este compuesto, presente en la piel y las semillas, es producido por la planta en respuesta al estrés y a influencias nocivas, como las radiaciones UV. Por tanto, es un protector de la uva que en el ser humano produce efectos antifúngicos, antioxidantes y anticancerígenos.

POLIFENOLES
Destacan flavonoides como la quercetina y las antocianinas. Por su gran poder antioxidante, protegen la pared de los vasos sanguíneos y retrasan el proceso de envejecimiento.

AZÚCARES ENERGÉTICOS
La proporción de azúcares oscila entre el 15 (en las regiones frías) y el 30% (en las más cálidas y secas). El azúcar más abundante es la glucosa, seguido de la fructosa. Estos sacáridos hacen de la uva un alimento energético y digestivo.

VITAMINAS B Y C
Aporta pequeñas dosis de vitaminas del grupo B, en particular B1, B6 y ácido fólico, que benefician al sistema nervioso. Una ración de 150 gramos proporciona el 10% de la vitamina C que el organismo precisa al día.

MINERALES
El potasio, el hierro y el selenio son los más abundantes, aunque también aporta calcio, magnesio, fósforo y azufre.

ÁCIDOS ORGÁNICOS
Es rica en los ácidos tartárico, málico y cítrico, que le confieren su característico sabor ácido y facilitan la eliminación de residuos metabólicos.

FIBRA DIGESTIVA
Contiene cerca de un 1% de fibra vegetal de tipo soluble que favorece el buen funcionamiento intestinal.

COMPOSICIÓN NUTRICIONAL (Por cada 100 gramos)

Energía	72 kcal	Potasio	185 mg	Vitamina B1	0,05 mg
Carbohidratos	16,8 g	Calcio	11 mg	Vitamina B2	0,03 mg
Proteínas	0,7 g	Fósforo	13 mg	Vitamina B3	0,3 mg
Grasas	0,6 g	Magnesio	6 mg	Vitamina B6	0,07 mg
Fibra	1 g	Hierro	0,5 mg	Ácido fólico	3,9 mcg
Agua	80 g	Vitamina C	10 mg	Vitamina A	5 mcg

Por último, cabe mencionar los ácidos orgánicos, responsables del sabor algo ácido de la uva. Paradójicamente, estos ácidos alcalinizan la sangre y la orina, lo que ayuda a eliminar residuos metabólicos, en su mayor parte de tipo ácido, como el ácido úrico.

Un racimo de virtudes

La uva contribuye a combatir diversos problemas de salud, entre los que destacan los siguientes:

- **Afecciones cardiovasculares.** Incrementa los niveles de óxido nítrico en la sangre, que ejerce un efecto vasodilatador, evita la oxidación del colesterol LDL y la agregación plaquetaria, responsables de la arteriosclerosis.
- **Estreñimiento.** Actúa como laxante suave, ya que equilibra la flora intestinal al inhibir el crecimiento de ciertos virus intestinales y evitar las putrefacciones.
- **Varices y hemorroides.** Alivia la congestión venosa e inhibe la formación de coágulos. Los baños de asiento preparados con una decocción de hojas de vid ayudan a reducir las hemorroides.
- **Astenia.** La acción tonificante de los azúcares y las vitaminas de la uva ayuda a superar estados de anemia, convalecencias y fatiga por tensión nerviosa.
- **Afecciones renales.** Por su acción diurética y descongestiva, es muy recomendable en la insuficiencia renal.
- **Artritis y gota.** Mejora los procesos artríticos, al favorecer la eliminación del ácido úrico y alcalinizar la sangre.
- **Problemas hepáticos.** Activa la función desintoxicante del hígado y aumenta la producción de bilis.
- **Anticancerígena.** Gracias a su riqueza en compuestos antioxidantes, la uva contribuye a prevenir ciertos tipos de cáncer, entre ellos el de mama.
- **Alzheimer y enfermedades neurodegenerativas.** El resveratrol reduce los niveles de péptidos amiloidales beta, que favorecen la enfermedad de Alzheimer y otros procesos degenerativos.

Es importante consumir las uvas del modo más favorecedor para la salud. Para hacer una cura depurativa se deben tomar sin pelar y con pepitas. Si el objetivo es regular el funcionamiento del intestino, es imprescindible no desechar estas partes, ya que son las que fomentan la actividad intestinal. También hay que tener en cuenta que los frutos estén bien formados, maduros y sin defectos. Deben masticarse cuidadosamente y ensalivarse a conciencia, para que su digestión sea más fácil.

Exquisitez en la mesa

Aparte de ser un postre excelente, la uva puede consumirse tanto cruda –condimentando a salsas y ensaladas– como cocinada. Combina muy bien con numerosos alimentos: manzanas, melones, membrillo, queso, arroz, cuscús, zanahorias, coles, cebollas, puerros, calabacines, nueces, pistachos, piñones, pescados como bacalao, salmón o rape, carnes blancas, chocolate, mermelada de frutos rojos, pan integral, yogur…

Se puede tomar como aperitivo, ensartada con tacos de queso y manzana en una brocheta o combinada con trocitos de membrillo. En ensaladas también resulta muy sabrosa, sobre todo acompañada de queso y frutos secos. Se puede combinar, por ejemplo, con manzana, queso gorgonzola y nueces.

Empleada en la elaboración de salsas, con chalota y crema de leche, es idónea para acompañar un rape o cualquier otro pescado blanco. Combina bien con carnes y pescados, aporta acidez y ligereza a preparaciones más pesadas y resulta excelente con las pastas, arroces y verduras.

Mezclada con otras frutas, la uva resulta muy sabrosa en las macedonias o como parte de una brocheta regada con salsa de chocolate. También es un ingrediente ideal para las tartas elaboradas con base de pasta quebrada y un relleno de queso o de crema.

Ensalada de uvas y granadas

4 | 20 min | **Ración:** 289 kcal. Hidratos de carbono: 25 g. Proteínas: 9 g. Grasas: 17 g. Col.: 21 mg

INGREDIENTES:

- 200 g de lechugas variadas
- 1 granada
- 150 g de uva morada y 150 g de uva blanca
- 100 g de queso mahón curado

Para la vinagreta:

- 4 cucharadas de aceite de oliva, 2 de vinagre, 1 de miel, 1 cucharadita de mostaza antigua, pimienta y sal

PREPARACIÓN

1. Se lava la lechuga con abundante agua, se escurre bien y se trocea.

2. Se parte la granada por la mitad con la ayuda de un cuchillo e intentando romper el mínimo de granos. Se desgrana y se eliminan las pieles blancas. Las uvas se lavan, se cortan por la mitad y se retiran las pepitas. También se pueden pelar. El queso se corta en trozos pequeños. Para preparar la vinagreta, se bate el vinagre balsámico con la mostaza y la miel, se salpimienta y se agrega poco a poco el aceite batiendo con un tenedor.

3. Finalmente, se mezcla la lechuga con las frutas y el queso, y se aliña con la vinagreta de mostaza.

Ajoblanco con uva de dos colores

4 | 15 min | **Ración:** 541 kcal. Hidratos de carbono: 22 g. Proteínas: 13 g. Grasas: 44 g

INGREDIENTES:

- 250 g de almendra cruda
- 3 rebanadas de pan del día anterior, solo la miga
- 2 dientes de ajo
- 600 ml de agua mineral fría
- 12 granos de uva negra
- 12 granos de uva blanca
- 3 cucharadas de vinagre de manzana, 4 de aceite de oliva y sal

PREPARACIÓN

1. Se colocan en la batidora las almendras junto con el pan, los dientes de ajo, la sal y el vinagre, y se tritura todo con un poco de agua.

2. Cuando esté fino, se añade el resto de agua y se tritura más. Se aliña con el aceite, se rectifica de sal y se guarda en la nevera.

3. Para servirlo, si no ha quedado muy fino, se puede colar. Se lavan las uvas, se cortan por la mitad y se retiran las pepitas. Se sirve bien frío, con las uvas y, si se quiere, regado con un chorrito de aceite de oliva.

Variante: Al triturar el ajoblanco, se pueden añadir 6 o 7 granos de uva pelados y sin pepitas para dar un toque fresco y ligeramente ácido.

HORTALIZAS SALUDABLES

Las hortalizas y las verduras de temporada incrementan nuestro capital de salud con su riqueza en vitaminas, minerales y fitonutrientes. La mayoría de personas obtendrían grandes beneficios para su salud si incluyeran unas cuantas raciones diarias más de verduras y hortalizas en su dieta. Una de sus grandes ventajas es que pueden consumirse frescas, de modo que conservan todos sus nutrientes y su vitalidad. Son especialmente recomendables si se sufren problemas digestivos, pues la mayoría se asimila fácilmente. Además refuerzan el sistema inmunitario y por tanto previenen numerosas enfermedades.

Alcachofa
Digestiva y depurativa

Gracias a sus propiedades desintoxicantes y antiinflamatorias, la flor de la alcachofa protege el corazón, los riñones y sobre todo el hígado.

Originaria de Egipto y el sur de Europa, la alcachofa (*Cynara scolymus*) deriva del cardo mariano (*Cynara cardunculus*). Las primeras referencias como planta cultivada datan de la época romana. Plinio la menciona como un alimento de ricos, mientras que Galeno, el famoso médico griego, dio numerosas indicaciones sobre sus propiedades terapéuticas.

A España llegó de la mano de los árabes, que la denominaban *al-jarshuf*. Es probable que aplicaran las técnicas que ya conocían para transformar los cardos silvestres –que siempre poblaron nuestro territorio– en carnosas alcachofas exentas de espinas, porque incluso actualmente, en Extremadura y Andalucía, se consume la base de las flores del cardo borriquero en una preparación llamada "cazoletas" o "cabezuelas", que constituye un sabroso guiso regional.

Un alimento muy completo

La alcachofa tiene un gran poder alcalinizante gracias a su riqueza en minerales como calcio, magnesio y potasio, fibra y vitaminas. Una ración de unos 200 gramos procura un 33% del fósforo que precisa el organismo al día, un 18% del potasio, un 15% del magnesio y un 13% del calcio. Además, aporta vitaminas del grupo B –como B1, B6 y ácido fólico– y algo de vitamina C. Sin embargo, la alcachofa destaca sobre todo por contener una serie de sustancias que se encuentran en cantidades muy pequeñas en su composición, pero que cuentan con notables efectos fisiológicos, como la cinarina, que ayuda a proteger el hígado, o la inulina, una fibra que reduce la concentración de azúcar en la sangre tras las comidas y que favorece el equilibrio de la flora intestinal.

Múltiples usos terapéuticos

Consumida con regularidad, la alcachofa activa las funciones enzimáticas de las fosfatasas, carboxilasas y oxidasas (con lo que la oxidación de las grasas y el paso de cisteína a cistina transcurren más rápidamente), acelera la disociación de muchos peróxidos (radicales libres que deterioran las células), colabora en la absorción de las vitaminas del grupo B, favorece las funciones hepáticas y renales, es antiartrítica y ayuda a desintoxicar el organismo.

Resulta una gran aliada para las personas que padecen del hígado y de la vesícula, ya que contiene un compuesto llamado cinarina que contribuye a aumentar la

COMPUESTOS ÚNICOS

Uno de los secretos que explican las propiedades de la alcachofa reside en su contenido en determinadas sustancias dulces y amargas que refuerzan el hígado, a la vez que reducen el azúcar y el colesterol.

INULINA

Este azúcar se transforma en levulosa, un azúcar natural que se absorbe sin intervención de los jugos digestivos. Tiene una acción hipoglucemiante, lo que hace que la alcachofa sea adecuada para los diabéticos. Además ejerce un importante efecto prebiótico, pues potencia el crecimiento de las cepas intestinales beneficiosas.

CINARÓSIDO

Es un glucósido flavonoide derivado del pigmento luteolina, dotado de una potente acción antiinflamatoria.

CINARINA

Se trata del ácido dicafeilquínico, que actúa sobre los hepatocitos (células del hígado), regenerándolos y activando la producción de bilis, lo que hace que las grasas se disuelvan más rápidamente. También incide sobre el riñón y aumenta la excreción de orina.

CINAROPICRINA

Esta sustancia que abre el apetito y prepara la digestión es responsable en gran medida del sabor amargo de la alcachofa. Favorece la asimilación de los nutrientes.

ESTEROLES

La alcachofa contiene betasisterol y estigmasterol. Son sustancias químicamente similares al colesterol, pero de origen vegetal. Poseen el interesante efecto de limitar la absorción de colesterol en el intestino.

OTRAS SUSTANCIAS

A las sustancias mencionadas hay que sumar otras como la pectina, los mucílagos y los oligoelementos. Las propiedades de la alcachofa no se explican por el efecto particular de algunos de sus componentes, sino por la combinación de todos.

COMPOSICIÓN NUTRICIONAL (Por cada 100 gramos)

Energía	60 kcal	Potasio	350 mg	Vitamina C	15 mg
Carbohidratos	12,2 g	Calcio	53 mg	Vitamina B2	0,066 mg
Proteínas	2,4 g	Fósforo	130 mg	Vitamina B3	1,046 mg
Grasas	0,1 g	Magnesio	26 mg	Vitamina B6	0,116 mg
Fibra	5,4 g	Hierro	1,5 mg	Ácido fólico	68 mcg
Agua	85 g	Cinc	0,63 mg	Vitamina K	14,8 mcg

secreción biliar y facilita el vaciamiento de la vesícula. Además, hace que la bilis sea más fluida, con lo que ayuda a descongestionar el hígado. Está también muy indicada cuando se padece hepatitis A y B, cirrosis, hígado graso o dispepsia provocada por piedras en la vesícula.
También puede resultar de gran ayuda a las personas que padezcan alteraciones renales, ya que incrementa la diuresis y la excreción de urea (sustancia tóxica que se produce en el organismo como resultado del metabolismo de las proteínas y que debe eliminarse con la orina).
Esta cualidad la hace también adecuada para las personas que padezcan retención de líquidos o aquellas que sigan una dieta adelgazante. Cabe destacar que es una hortaliza muy digerible y bien tolerada, excepto cuando se tiene tendencia a sufrir fermentaciones intestinales.
Por otra parte, se ha comprobado que el consumo de alcachofas puede mejorar las afecciones crónicas de la piel, ya que muchas dermatitis desaparecen o mejoran al estimular los procesos de desintoxicación hepática.

Una estrella en la cocina

La alcachofa es una hortaliza que exige cierto trabajo en la cocina; hay que cortarle parte de la base y las puntas duras, arrancarle las hojas exteriores más fibrosas y, a veces, eliminar la pelusilla del interior. Sin embargo, el delicioso manjar que se esconde bajo sus hojas carnosas, compensa con creces esa dedicación.
Su sabor delicado, entre amargo y dulzón, y sus singulares propiedades culinarias, la convierten en un ingrediente ideal para crear platos festivos y suculentos. Los corazones o fondos de alcachofas son un buen ejemplo. Se pueden preparar con un sinfín de rellenos distintos. Combinan muy bien con champiñones o con cualquier tipo de setas silvestres, que además suelen coincidir con la temporada de las primeras alcachofas. También quedan deliciosas si se rellenan con verduras, como cebolla caramelizada, calabacín, puerros, calabaza, guisantes o pimiento rojo, que le darán una sugerente nota de color. Los tallos, en los ejemplares más frescos y tempranos, resultan tiernos y sabrosos, por lo que pueden incluirse en menestras o rellenos. Para prepararlos se pela la capa superficial más fibrosa con un cuchillo pequeño bien afilado y, si son muy gruesos, se cortan longitudinalmente antes de cocerlos.
Hay que destacar que no siempre es necesario emplear mucho tiempo en la cocina para disfrutar de esta verdura. Unas alcachofas al horno son una receta sencilla y, simplemente, deliciosa. Para elaborarlas, basta con cortar el tronco, eliminar algunas hojas externas y condimentarlas con ajo, sal o unas gotas de limón o tamari, que se introducen en el interior abriéndolas ligeramente. Para que no se resequen se agrega un poco de agua o caldo y un chorrito de aceite de oliva.

Compra y conservación

A la hora de comprar alcachofas, deben elegirse ejemplares firmes y pesados, con las hojas apretadas y brillantes. Las hojas blandas, con las puntas secas, o que se abren con facilidad, denotan que ya no está fresca.
Algunas variedades presentan manchas externas que pueden confundirnos, pero si la inflorescencia está bien cerrada y tiene un aspecto fresco, pueden elegirse con confianza. Un truco que puede ayudar consiste en apretar la alcachofa cerca del oído: si se escucha un crujido, aún están frescas.
Para guardarlas, se introducen en la nevera en una bolsa de plástico cerrada. Es preferible no quitarles el tallo hasta el momento de utilizarlas. Como son flores, se pueden guardar también, dentro de la nevera, con el tallo sumergido en agua. Cambiando el agua a diario pueden mantenerse bien una semana o más. Una vez cocidas, deben consumirse en 24 horas o desecharse.

Ensalada de alcachofas al limón

4 | 10 min | **Ración:** 269 kcal. Hidratos de carbono: 40 g. Proteínas: 8 g. Grasas: 8 g

INGREDIENTES:

- 8 alcachofas
- 2 cebollas rojas o moradas
- 3 limones
- 1 cucharada de perejil fresco
- 2 cucharadas de vinagre de sidra
- 3 cucharadas de aceite de oliva
- 1 cucharada de alcaparras
- 1 cucharada de azúcar integral
- Sal marina

PREPARACIÓN

1. Se quitan las hojas externas, tallo y puntas a las alcachofas. Se frotan con limón y se cortan a cuartos.

2. Se escaldan 3 minutos en una olla con agua, sal y el zumo de un limón. Se retiran y se dejan escurrir.

3. Se sofríen las cebollas hasta que estén transparentes. Se añaden las alcachofas, el vinagre y el zumo de otro limón. Se agrega agua hasta cubrir la verdura, sal, y se deja a fuego lento 12 minutos más.

4. Se retiran las verduras. Se sube el fuego, se añade el azúcar y se deja reducir el jugo de cocción. Se agregan las alcaparras y se deja enfriar.

5. Se sirven rociadas con el aliño y espolvoreadas con perejil.

Alcachofas con mojo

4 | 25 min | **Ración:** 145 kcal. Hidratos de carbono: 2,5 g. Proteínas: 1,5 g. Grasas: 10,1 g

INGREDIENTES:

- 6 alcachofas
- 1 limón
- 2 tomates
- 1 cucharada de piñones
- 1 diente de ajo
- Aceite de oliva
- Vinagre
- Pimienta
- Sal

PREPARACIÓN

1. Se limpian las alcachofas, retirando puntas, hojas exteriores más duras y pelusilla central. Se exprime el limón y se filtra el zumo. Se cortan las alcachofas en láminas y se dejan en un cuenco con agua y el zumo para que no se oxiden.

2. Se escurren, se secan con papel absorbente de cocina y se asan por los dos lados en una plancha bien caliente con unas gotas de aceite.

3. Para el mojo, se asan en la plancha los tomates y el ajo hasta que se doren. Se pelan los tomates y se machacan en el mortero con el ajo, los piñones, 2 cucharadas de aceite y una de vinagre. Se sirven las alcachofas con la salsa aparte.

Coles
Una familia contra el cáncer

Las múltiples variedades de coles comparten compuestos de gran efecto preventivo frente al cáncer y otras enfermedades.

En invierno, la cocina debe oler a coles. No por casualidad su nombre en latín es *Brassica oleracea*. A esta familia pertenece el grupo de verduras con las propiedades más potentes que se conocen contra el cáncer y otras enfermedades: las coles verde, lombarda y de Bruselas, el repollo, la coliflor, el brécol y la col romanesco. El grupo se completa con otras plantas de las que se consume la raíz –el colinabo– o el tallo –el colirrábano.

Las coles han conquistado el mundo, de Europa a las antípodas, pasando por China. Muchas culturas europeas se identifican con diferentes coles, seguramente porque durante milenios fue un alimento del que dependía la vida en los largos inviernos. Los alemanes, que organizan festivales donde se nombran reyes y reinas consagrados a esta hortaliza, no se entenderían a sí mismos sin el repollo. Estarían perdidos como los gallegos sin el caldo de berzas.

Amargo y sano

Todas las variedades de coles contienen altas dosis de unos compuestos azufrados denominados glucosinolatos, que son los responsables de su característico sabor amargo y de su olor picante. Al ser cocinado o masticado el alimento, las sustancias precursoras del sabor se mezclan con determinados enzimas presentes entre las fibras de la planta y se convierten en compuestos con propiedades anticancerígenas, como el indol-3-carbinol, el diindolilmetano y el sulfurafano.

Mejor una cocción suave

Sin embargo, hay que tener en cuenta que la cocción desactiva una parte de las moléculas beneficiosas. Se estima que tras cinco minutos de ebullición se ha perdido un 20% de ellas. A los 10 minutos, un 40% y a la media hora, un 75%. Su desaparición se puede evitar eligiendo otros métodos de cocción: el salteado y, sobre todo, al vapor. Una preparación ideal consiste en cortar la coliflor o el repollo en láminas finas y someterlas a vapor de 3 a 7 minutos. Cuando la cocción es excesiva se forman trisulfuros de olor fuerte.

Junto a los compuestos azufrados contienen también altas concentraciones de nutrientes esenciales. 100 g de col cruda aportan 120 mg de vitamina C (si está cocida, 41 mg). Además ofrecen vitaminas del grupo B, provitamina A, ácido fólico, selenio, hierro, calcio, magnesio, potasio y flavonoides en cantidades significativas.

PROTECCIÓN EXTRAORDINARIA

El brécol es la col más estudiada por sus efectos beneficiosos, sobre todo en relación con el cáncer, pero el resto de coles también los poseen en buena medida. También es muy rica en vitaminas y minerales.

BUENA PARA EL ESTÓMAGO

Los compuestos anticancerígenos del brécol también reducen la población e incluso eliminan la bacteria Helicobacter pylori, que está asociada a la aparición de úlceras de estómago y otros trastornos digestivos.

ANTICÁNCER

Los estudios apuntan a que los isotiocianatos (compuestos azufrados) del brécol inhiben la acción de agentes químicos que aparecen durante la digestión y que están relacionados con el desarrollo de varios tipos de cáncer. En término médicos se dice que ofrece una quimioprotección frente al cáncer. Un estudio apunta a que consumir regularmente isotiocianatos reduce en un 35% el riesgo de desarrollar cáncer de pulmón.

EQUILIBRIO HORMONAL

El brécol también contiene glicosinolatos que modulan el efecto de los estrógenos y forman compuestos protectores que reducen el riesgo de contraer cáncer de mama o de ovario. También posee fitoestrógenos capaces de aliviar los síntomas de la menopausia. Por otra parte, puede reducir los niveles de la hormona TSH o tiroideoestimulante, lo que resulta de utilidad para tratar el hipertiroidismo.

DOSIS PREVENTIVA

Los investigadores han intentado averiguar qué cantidad de brécol es necesaria para proteger eficazmente frente al cáncer. Basándose en evidencias epidemiológicas, su conclusión es que tomar un promedio de 350 gramos de brécol a la semana resulta eficaz para reducir significativamente el riesgo de padecer cáncer de colon.

COMPOSICIÓN NUTRICIONAL (Por cada 100 gramos)

Energía	34 kcal	Potasio	316 mg	Vitamina C	89,2 mg
Carbohidratos	3,5 g	Calcio	47 mg	Vitamina B2	0,11 mg
Proteínas	2,8 g	Fósforo	66 mg	Vitamina B3	0,6 mg
Grasas	0,3 g	Magnesio	21 mg	Vitamina B6	0,17 mg
Fibra	2,6 g	Hierro	0,73 mg	Ácido fólico	63 mcg
Agua	89,3 g	Cinc	0,41 mg	Vitamina A	31 mcg

Se recomienda comer coles dos o tres veces a la semana. Si existen determinados desequilibrios, la frecuencia puede ser superior. Se utilizan, por ejemplo, para combatir la anemia, gracias a la combinación de vitamina C, hierro y clorofila en las variedades de hoja verde, que también son abundantes en ácido fólico.

La fibra de la col combate el estreñimiento y sirve de alimento a la flora intestinal. Con ello mejora el estado de la mucosa, evitando que se haga permeable a las sustancias tóxicas. Estudios realizados en la Universidad de Liverpool (Reino Unido) han mostrado que la fibra del brécol sirve para tratar la enfermedad de Crohn.

Por otra parte, la abundancia de fibra y agua, junto con la baja cantidad de calorías, convierten las coles en un ingrediente ideal para reducir la carga glucémica de los platos, lo que ayuda a controlar el peso, así como las subidas y bajadas de glucosa en la sangre.

Protagonismo renovado

Gracias a su riqueza nutritiva y al interés de muchos cocineros por sus posibilidades gastronómicas, las coles han ido retomando el espacio perdido y se van recuperando variedades locales, como la "col de paperina" del Garraf o la de "piel de galápago" en el Vallès (Barcelona).

La col se usa cruda en ensalada, sola y aliñada con aceite, vinagre y comino, o bien combinada con zanahorias, manzanas, apio, naranjas, queso roquefort, piña, pasas, piñones, lechuga, salmón... Le van bien las plantas aromáticas dulces como el eneldo, el hinojo, el perejil o el tomillo. Una de las recetas clásicas es el *coleslaw*. Normalmente se emplean coles blancas cortadas muy finas, sin el tronco y espolvoreadas con sal.

Los colirrábanos y colinabos, de gusto algo picante, se cuecen ligeramente. Para hacer chucrut se usan coles blancas que se someten a una fermentación láctica. Aparte de tener un sabor agrio característico ganan en enzimas y resultan más digestivas. La col interviene también en caldos, cocidos y sopas, a los que proporciona un agradable sabor y un poderoso efecto antioxidante. Una vez hervida se puede sofreír con ajos para emplear como guarnición, o triturar y servir como complemento de una sopa. Combina bien con legumbres, pescado azul, quesos fuertes, carne picada y tofu ahumado. Las hojas externas de las coles rizadas se emplean para rellenar de carnes o arroz y verduras.

Trucos para cada variedad

- **La col lombarda** se sirve por Navidad, salteada con manzana y pasas. Si se hierve adquiere un tono azulado, con el salteado se mantiene su color y si se sirve con vinagre se colorea de un tono entre fucsia y violeta. Combina con zanahorias, manzanas, atún, plátano, embutidos, ahumados y frutos secos.
- **Las coles de Bruselas** constituyen una guarnición excelente, resultan fáciles de cocinar y se pueden combinar con frutos secos, queso azul, setas o castañas. No se pueden comer crudas, pero tampoco conviene pasarse en la cocción.
- **La coliflor** se toma encurtida, hervida, rebozada, gratinada, combinada con huevo duro y almendras, a la riojana con ajos y pimentón, o en crema aderezada con azafrán. Puede hervirse y mezclarse con bechamel para formar croquetas y va bien con arroz, patatas y huevos.
- **Las coliflores verdes y la col romanesco** tienen un tratamiento similar. El toque final lo da un aliño con un aceite de oliva extra virgen, pero el curry, el comino, el ajo y el perejil le son también afines.
- **Los brécoles,** con su peculiar sabor cercano al del espárrago, se pueden emplear como base de una crema de verduras o cocerse ligeramente y saltearse con setas, almendras, nueces, tomates secos, parmesano... Crudos resultan crujientes y nutritivos.

Lombarda con manzana

4 | 40 min | **Ración:** 253 kcal. Hidratos de carbono: 25 g. Proteínas: 3 g. Grasas: 11 g

INGREDIENTES:

- 1 col lombarda en juliana
- 2 cebollas en juliana
- 3 manzanas en gajos pelados
- 1 copa de moscatel
- Vinagre de manzana
- Una ramita de canela
- 50 g de piñones
- 50 g de pasas
- Aceite de oliva y sal

PREPARACIÓN

1. Se cuece la col en agua con dos cucharadas de vinagre y media de sal durante 20 minutos. Se reserva.

2. Se hidratan las pasas en moscatel durante 20 minutos. Luego se escurren y se reserva el moscatel.

3. Se rehoga la cebolla en aceite con la canela. Cuando empiece a dorarse, añadir la mitad del moscatel y la col. Se tapa y se reduce 5 minutos. Se saltean los piñones y se reservan.

4. En la misma sartén, se doran los gajos de manzana un par de minutos por cada lado. Se agregan las pasas y el resto de moscatel y se deja reducir 4 minutos. Se sirve la col con la manzana y las pasas, decorando con los piñones.

Panaché de verduras

4 | 45 min | **Ración:** 258 kcal. Hidratos de carbono: 33 g. Proteínas: 8 g. Grasa: 8 g

INGREDIENTES:

• 100 g de guisantes, 1 calabacín, 2 zanahorias, 2 patatas, 1 coliflor, 8 espárragos, medio litro de caldo vegetal y aceite de oliva

Para la salsa:

• 1 cebolla pequeña, 1 cucharada de harina, 2 de curry, 1 cucharadita de mostaza y 1 de zumo de limón y dos cucharadas de nata líquida

PREPARACIÓN

1. Se escalda la coliflor en el caldo unos 5 minutos. Se retira y se reserva. Se cuecen de la misma manera las patatas cortadas en tiras y los guisantes. Se corta el resto de verduras en tiras y se saltean en aceite de oliva virgen extra. Se rectifica de sal.

2. Para elaborar la salsa, se rehoga la cebolla picada, se añade la harina, se remueve bien con una cuchara de madera y se deja cocer un par de minutos.

3. Se agrega el curry y se vierte 250 ml de litro del caldo en el que se han cocido las verduras. Se agrega la mostaza, el zumo de limón y la nata líquida. Servir las verduras junto con la salsa.

Zanahoria
Un regalo de la naturaleza

Además de ser muy rica en betacaroteno, esta raíz dulce y ligera actúa como un bálsamo en el estómago y fortalece las defensas.

Hundida bajo tierra, va atesorando nutrientes esenciales que la convierten en una auténtica aliada general de la salud: es rica en minerales y vitaminas, facilita la digestión, neutraliza la acidez, regula el tránsito intestinal y ejerce una potente acción antioxidante protectora del organismo. Además, suaviza la piel, refuerza la vista y contribuye a la formación de una dentadura sana y fuerte.

Buena parte de estas propiedades ya se conocían hace siglos, pues la zanahoria, pese a su agradable dulzor y su deliciosa textura crujiente, fue más popular antiguamente por sus usos medicinales que como alimento. En el papiro de Ebers, escrito en Egipto sobre el 1.500 aC, ya se recomendaba aplicarla en rodajas sobre el rostro como cosmético. La empleaban como tónico aperitivo y contra la ictericia y enfermedades respiratorias. Griegos y romanos incluso la consideraron afrodisiaca. Ahora se sabe que su efecto sobre la piel se debe sobre todo al betacaroteno, el pigmento que la tiñe de naranja y que en el organismo se transforma en vitamina A.

El color de esta raíz nos resulta tan familiar que parece difícil imaginar que no siempre fue naranja. Las primeras zanahorias, que al parecer procedían de Afganistán, eran blanquecinas o moradas, largas y poco dulces, muy distintas de las zanahorias naranjas y de sabor dulzón (*Daucus carota*) que hoy conocemos y que se obtuvieron en Holanda en el siglo XVII. Hoy no hay época del año en que falten las zanahorias en el mercado, ya que su cultivo es rápido y sencillo.

Poder medicinal

La zanahoria se considera antianémica, aperitiva, carminativa, cicatrizante y depurativa; también ejerce un ligero efecto diurético, ayuda a regular el flujo menstrual, refuerza la inmunidad y actúa como expectorante. Está indicada en numerosas afecciones:

- **Diarrea y estreñimiento.** Actúa como regulador intestinal. Rallada o hervida combate las diarreas infantiles.
- **Problemas de la piel.** Combate la sequedad, la atrofia y el acné. También fortalece las uñas y el cabello.
- **Trastornos de la vista.** Problemas de visión como pérdida de agudeza visual, la hemeralopia (dificultad para ver de noche o con poca luz), la blefaritis (inflamación de los párpados), la conjuntivitis crónica y la queratitis (inflamación de la córnea), mejoran con el consumo abundante de zanahorias.

UN REMEDIO PARA LA VISTA

La zanahoria se caracteriza por su riqueza en betacaroteno, un pigmento naranja que se convierte en vitamina A, esencial para mantener en buena forma los huesos, la piel, la vista, así como la inmunidad.

PROTEGE LA SALUD OCULAR

La zanahoria es uno de los vegetales más ricos en provitamina A o betacaroteno. Una ración de 100 g de zanahorias aporta todo el betacaroteno que el organismo precisa cada día. De ahí su efecto protector para la salud ocular y la piel. Hay que tener en cuenta que la cocción mejora la absorción del betacaroteno.

FUNCIONES METABÓLICAS

La vitamina A cumple numerosas funciones metabólicas:

- Estimula el crecimiento.
- Influye en la hematopoyesis (producción de plaquetas, glóbulos rojos y glóbulos blancos).
- Protege la piel y las mucosas (especialmente de ojos, vías respiratorias y vías urinarias).
- Aumenta las defensas.
- Regula el metabolismo del hígado y la tiroides.
- Interviene en la síntesis de rodopsina, pigmento de la retina que permite ver en la oscuridad y aumenta la agudeza visual.

La carencia de vitamina A conlleva diversas alteraciones oculares, óseas, cutáneas y reproductivas, disminución de las defensas, cansancio y falta de apetito entre otros síntomas.

NECESIDADES DIARIAS

Las necesidades diarias de vitamina A son de 0,4 mg en los niños, 0,7 mg en los adultos y 1 mg en las mujeres embarazadas o lactantes. El organismo no puede sintetizar vitamina A, de ahí que su aporte proceda de la dieta. La transformación de caroteno en vitamina A se produce en las células de la mucosa intestinal y el hígado. Al contrario que si se ingiere directamente vitamina A (retinol), el betacaroteno no tiene riesgo de toxicidad, ya que el organismo solo transforma en la cantidad que precisa.

COMPOSICIÓN NUTRICIONAL (Por cada 100 gramos)

Energía	27 kcal	Potasio	290 mg	Vitamina C	8 mg
Carbohidratos	5,2 g	Calcio	37 mg	Vitamina B2	0,06 mg
Proteínas	1 g	Fósforo	35 mg	Vitamina B3	0,98 mg
Grasas	0,2 g	Magnesio	17 mg	Vitamina B6	0,1 mg
Fibra	3,4 g	Hierro	2,1 mg	Ácido fólico	19 mcg
Agua	88,2 g	Cinc	0,2 mg	Vitamina A	0,83 mg

• **Afecciones pulmonares.** Al ser expectorante, favorece la expulsión de secreciones que taponan los bronquios y combate la tos, el asma y la afonía.
• **Alteración de las mucosas.** La vitamina A interviene en la estabilidad de las mucosas, membranas que tapizan el interior de conductos y cavidades orgánicas. Por eso resulta útil en la prevención de la litiasis urinaria y biliar, ya que una mucosa sana ayuda a evitar que se formen cálculos en el interior de los conductos.
• **Debilidad y anemia.** La riqueza en hierro y vitaminas de la zanahoria ayuda a prevenir y mejorar la anemia.
• **Anticancerígena.** Su gran concentración en betacaroteno y en fibra explica su acción preventiva del cáncer.
• **Artritis.** El zumo de zanahoria cruda es depurativo y ayuda a eliminar residuos, como el ácido úrico.
• **Curas de desintoxicación.** Al ser muy depurativa, resulta adecuada para quienes desean dejar de fumar, ya que acelera la eliminación de la nicotina y regenera las mucosas del aparato respiratorio.
• **Desequilibrios metabólicos.** Ayuda al crecimiento, regula la función de la glándula tiroides, es hipoglucemiante, disminuye la tasa de colesterol y combate la astenia que acompaña a la depresión nerviosa.
• **Abcesos, úlceras y quemaduras.** La aplicación de un cocimiento de zanahorias o cataplasmas de sus hojas frescas trituradas ayuda a eliminar las impurezas y a regenerar el tejido dañado.

Dulzor y aroma

La zanahoria forma parte de preparaciones básicas a las que otorga complejidad aromática. Con ella, caldos, salsas, asados, guisos y sofritos ganan sabor, color y textura. Existen muchas variedades de zanahoria: más largas, más cortas, más espigadas o más redondas. Las baby congeladas suelen obtenerse a partir de ejemplares grandes, pelados y torneados. Nada tienen que ver con las variedades mini, muy apreciadas por su singular ternura y delicado aspecto, que hacen las delicias de cocineros y gastrónomos. Todas se pueden emplear en crudo, hervir, encurtir en vinagre, conservarse fermentadas como la col, cocer al vapor, saltear, glasear, guisar, gratinar, prepararse a la plancha, freír...
Las zanahorias crudas resultan un tentempié ideal, ligero y refrescante. Si se van a cocinar, el mejor método de cocción es al vapor, pues se pierden menos vitaminas, quedan más sabrosas y en 10 minutos están listas.
Combinan muy bien con guisantes, judías verdes, puerros, cebolla, col, apio, calabacín, arroz, cuscús, manzanas, naranja, nueces, pasas, perejl, cilantro, menta, queso fresco, jengibre, hinojo, pimienta blanca, miel...

Auténticas protagonistas

Son uno de los ingredientes estrella en las ensaladas. Ralladas gruesas, mezcladas con queso y frutos secos y aliñadas con aceite de oliva, perejil, cilantro y naranja componen un plato exquisito de reminiscencias orientales. Se pueden acompañar con vinagreta, limón, uvas, anchoas, atún y alcaparras.
En cremas y purés, añaden una suavidad especial, un color atractivo y un sabor delicado. Para elaborar una crema se hierven o se rehogan las zanahorias, se trituran con agua o caldo y se añade aceite o mantequilla, que además de dar sabor ayudan a aprovechar más los betacarotenos. Como toque final, se puede decorar la crema con plantas aromáticas frescas, queso cremoso ligero o un poco de yogur.
Una opción original es servirlas salteadas o a la plancha. Se pueden hervir ligeramente y luego se cortan a láminas para pasarlas por la plancha o saltearlas directamente con otras verduras. Cortadas a bastones son el acompañamiento ideal para fondues vegetales (con salsa al curry, queso, tomate...) o dips.

Cintas con hortalizas

4 | 30 min | **Ración:** 384 kcal. Hidratos de carbono: 61,2 g. Proteínas: 14,1 g. Grasa: 9 g

INGREDIENTES:

- 320 g de cintas de pasta al huevo
- 2 berenjenas
- 2 zanahorias
- 100 g de cebollitas
- 100 g de queso parmesano
- 3 cucharadas de aceite de oliva
- Albahaca
- Sal
- Pimienta

PREPARACIÓN

1. Se hierve la pasta en abundante agua salada hasta que esté al dente, se escurre y reserva. Se cortan las berenjenas a dados. Se escaldan las cebollitas durante 3 minutos, se escurren y se pelan. Se pelan las zanahorias y se cortan en juliana larga y fina. Se ralla el parmesano. Se lava la albahaca.

2. Se pochan las cebollitas durante 5 minutos. Se añade la berenjena y se saltea otros 5 minutos. Se remueve, se agrega la zanahoria y se saltea 2 minutos más. Se incorpora la pasta y la albahaca, se salpimienta y se saltea 2 minutos más.

3. Se sirve la pasta inmediatamente con el parmesano por encima.

Ensalada de zanahoria y naranja

4 | 20 min | **Ración:** 285 kcal. Hidratos de carbono: 24 g. Proteínas: 3 g. Grasas: 15 g

INGREDIENTES:

- 4 zanahorias
- 2 naranjas
- 2 cebollas tiernas
- 50 g de aceitunas negras

Para la vinagreta:

- 4 cucharadas de aceite de oliva
- 2 cucharadas de vinagre
- 1 cucharada de miel
- Pimienta y sal

PREPARACIÓN

1. Se pelan las zanahorias y se cortan en tiras muy finas con la ayuda de un pelador. Se limpian y cortan a tiras muy finas las cebollas. Se introducen las verduras en un cuenco con agua y hielo, y se remueve de vez en cuando para que se ricen.

2. Las naranjas se pelan al vivo para eliminar la parta blanca de la piel y se cortan en gajos evitando la membrana que los separa.

3. Se bate el vinagre con la miel, se salpimienta y se vierte el aceite en hilo batiendo hasta que emulsione.

4. Se escurren la zanahoria y las cebolletas y se mezclan con las naranjas y las aceitunas. Se aliña esta ensalada con la vinagreta y se sirve.

LEGUMBRES INSUSTITUIBLES

Constituyen la categoría de alimentos más equilibrada gracias a sus proporciones de hidratos de carbono, fibra, micronutrientes y, sobre todo, proteínas. Como fuente de aminoácidos, presentan la ventaja frente a los productos cárnicos de no ir acompañadas de grasas saturadas. Pero a pesar de sus virtudes, su consumo ha caído en picado en las últimas décadas. Los expertos recomiendan su recuperación para mejorar la salud en general. Si no diariamente, debieran incluirse en los menús tres veces a la semana por lo menos. Lentejas y garbanzos destacan como las legumbres mediterráneas por excelencia.

Garbanzos
Energía y salud

Sabrosos y energéticos, nos aportan una buena dosis de fibra, vitaminas y minerales, por lo que han de ocupar un lugar destacado en nuestra dieta.

El garbanzo es una especie de leguminosa muy apreciada desde tiempos remotos en la cocina. Se trata de la semilla de la planta del garbanzo (*Cicer arietinum*). No hay unanimidad a la hora de señalar su origen: unos lo sitúan en la cuenca mediterránea y otros en Asia occidental. En cualquier caso, se remonta a tiempos prehistóricos, ya que se han encontrado indicios de su presencia en excavaciones preneolíticas en Sicilia. Además, se tiene constancia de que era bien conocido en el antiguo Egipto, Babilonia, Persia y la India, donde todavía es utilizado por la medicina ayurvédica para combatir enfermedades de la piel. El garbanzo también era un alimento habitual para los griegos, romanos y cartagineses. Precisamente estos últimos fueron quienes lo introdujeron en España.

Hoy en día, la mayor parte de la producción mundial se concentra en la India y Pakistán, aunque también se encuentran cultivos importantes el Líbano, Siria, Turquía o Irán. En Sudamérica, destacan las plantaciones de garbanzos de Argentina, Colombia y Chile.

De entre las variedades que se pueden encontrar en España, el garbanzo más consumido es el castellano, de tamaño medio, forma esférica y color amarillento. También existe el garbanzo blanco, más grueso y alargado, con surcos marcados y color amarillo claro. Se cultiva sobre todo en Andalucía y Extremadura y es muy apreciado por su calidad. Otra variedad española es el garbanzo venoso andaluz, grueso y alargado, de sabor fuerte, básicamente cultivado en Granada. El garbanzo llamado predosillano, propio de Andalucía y Castilla, es de pequeño tamaño y forma redonda.

Para todos los públicos

Los garbanzos son un alimento apto para todo tipo de personas. Por su gran aporte de hidratos de carbono de absorción lenta y proteínas, resultan muy adecuados para combatir los estados de astenia y para reducir los niveles de colesterol "malo". También son muy recomendables para los niños en edad de crecimiento y para los adolescentes o las personas que realizan esfuerzos físicos importantes, como por ejemplo los deportistas. Por su riqueza en fibra, además de favorecer el tránsito intestinal, ayudan también a prevenir el cáncer de colon. Precisamente por este elevado aporte de fibra, no conviene a las personas con tendencia a acumular gases en el estómago y en el intestino, o a las que tengan el

UNA JOYA PARA LA SALUD

Los garbanzos son indispensables en una dieta equilibrada. Aparte de proteger la salud cardiovascular, son reconstituyentes, ya que proporcionan energía de liberación lenta y una gran cantidad de minerales.

ENERGÍA DURADERA

Los garbanzos destacan por su gran contenido en hidratos de carbono complejos, que ofrecen un aporte de glucosa lento y progresivo. Por este motivo, resultan un alimento muy bien tolerado por las personas diabéticas, y son adecuados para quienes realizan grandes esfuerzos físicos y necesitan energía a largo plazo.

LA COMBINACIÓN PERFECTA

Su aporte proteico (20%) también resulta muy interesante. A la hora de consumirlo, hay que tener en cuenta que se trata de proteínas incompletas, debido a la falta del aminoácido esencial metionina. Sin embargo, este déficit se puede compensar fácilmente si se combinan con fuentes proteicas ricas en él, por ejemplo con cereales. De este modo, se logran proteínas de alto valor biológico.

FAVORECEN EL TRÁNSITO

Su abundante fibra mejora el tránsito intestinal. Además, hace que la absorción de los hidratos de carbono sea todavía más lenta, ayuda a disminuir la tensión y reduce los niveles de colesterol en sangre.

RICOS EN MINERALES

Por su riqueza en hierro, evitan la anemia ferropénica. También aportan mucho potasio, que facilita la circulación, reduce la presión arterial y contribuye a regular los líquidos corporales. Su alto contenido en cinc favorece el sistema inmunitario y ayuda a combatir la fatiga.

IDEALES PARA EMBARAZADAS

El contenido en ácido fólico es notable. Esta vitamina ayuda a prevenir las malformaciones en el feto, por lo que resultan un alimento muy adecuado para las mujeres embarazadas.

COMPOSICIÓN NUTRICIONAL (Por cada 100 gramos)

Energía	364 kcal	Potasio	875 mg	Vitamina C	4 mg
Carbohidratos	60 g	Calcio	105 mg	Vitamina B2	0,21 mg
Proteínas	20 g	Fósforo	366 mg	Vitamina B3	1,54 mg
Grasas	6 g	Magnesio	115 mg	Vitamina B6	0,53 mg
Fibra	17 g	Hierro	6,24 mg	Ácido fólico	557 mcg
Agua	11,53 g	Cinc	3,43 mg	Vitamina A	3 mcg

intestino delicado o padezcan colitis. En estos casos, es preferible retirar la piel de los garbanzos, pasándolos por un pasapuré después de cocerlos.
Por su escaso contenido en sodio, se pueden incluir en dietas de control de la hipertensión. Además, presentan un marcado efecto diurético, por lo que contribuyen a eliminar el exceso de ácido úrico. No obstante, hay que tener en cuenta que la mayoría de garbanzos que se comercializan en conserva incorporan mucha sal, por lo que conviene enjuagarlos bien antes de cocinarlos.
Cabe destacar también su alto contenido en magnesio, fósforo y vitaminas del grupo B, elementos necesarios para el buen funcionamiento del sistema muscular y nervioso. Esta particularidad hace que los garbanzos sean un alimento especialmente adecuado en situaciones de estrés, irritabilidad, depresión nerviosa, nerviosismo y falta de sueño.

Un clásico renovado

El garbanzo ofrece muchas posibilidades en la cocina y permite la preparación de platos muy diversos y consistentes, desde pucheros y potajes de invierno hasta ensaladas de verano.
Avalado por una gran tradición popular, se trata de un ingrediente fundamental en nuestra cultura gastronómica. Lo encontramos también fuera del Mediterráneo, especialmente en países de Oriente Medio, India o Pakistán, donde tienen la costumbre de utilizarlo en forma de harina para preparar deliciosos rebozados.
Al ser un alimento muy consistente, debe tomarse en cantidades moderadas y preferiblemente acompañado de cereales y hortalizas. Se suele hervir con verduras de hoja, como acelgas, espinacas o col, que potencian su efecto laxante. Las hortalizas de raíz, como la zanahoria, el nabo o la chirivía, le aportan sabor y textura, al tiempo que facilitan su asimilación.
Los cereales, incluidos en muchas recetas tradicionales, complementan sus valores nutritivos, sobre todo si se emplean en la proporción adecuada: una parte de garbanzos por dos y media de cereal.

Facilitar su digestión

Algunas personas padecen flatulencias al consumir garbanzos. Sin embargo, esto se puede evitar, al menos en parte, si antes de cocer los garbanzos se lavan con abundante agua y se dejan largo tiempo en remojo. Es importante enjuagarlos muy bien para eliminar todas las sustancias disueltas. Una vez cocidos, para evitar molestias en intestinos delicados, se aconseja triturar la piel con un pasapuré.
Otra forma de favorecer su digestión es incorporar al agua de cocción un trozo de alga kombu o bien alguna hierba con propiedades carminativas como salvia, tomillo, cilantro, ajedrea o comino. De este modo, aparte de perfumar el plato, se estimulan los jugos gástricos.
Para condimentar los garbanzos, también podemos utilizar laurel, perejil, pimentón dulce o picante y, por supuesto, ajo, compañero inseparable de los garbanzos. Si se prefiere dar a la receta un toque más exótico, la salsa de soja o el miso son excelentes condimentos.
A la hora de cocinarlos, además de dejarlos previamente en remojo 10-12 horas con algo de sal gruesa, hay que tener en cuenta que, a diferencia del resto de legumbres, los garbanzos deben echarse en la olla cuando el agua ya esté hirviendo.
Además de cocidos, los garbanzos también se pueden comer germinados, en refrescantes ensaladas o incluso tostados, en una sartén o al horno, como aperitivo o tentempié. Otra manera muy interesante de consumirlos es en forma de harina, muy utilizada en la India y Oriente Medio, con la que se preparan deliciosos rebozados y masas de buñuelos.

Falafels con salsa de remolacha

4 | 40 min | **Ración:** 390 kcal. Hidratos de carbono: 28 g. Proteínas: 10 g. Grasa: 27 g. Col.: 2 mg

INGREDIENTES:

- 350 g de garbanzos
- 1 cebolla pequeña y 2 dientes de ajo
- 75 g escarola, 1 endibia roja
- Canónigos, perejil y cilantro
- Levadura, aceite de oliva y sal

Para la salsa:

- 75 g de yogur
- 30 g de remolacha cocida
- 75 ml de aceite de oliva y sal

PREPARACIÓN

1. Se dejan los garbanzos en remojo por la noche. Se escurren y trituran.

2. Se pican la cebolla y el ajo, se mezclan con los garbanzos, las hierbas y un poco de agua hasta lograr una masa grumosa. Se mezcla la levadura y se deja reposar media hora.

3. Se baten el aceite y el yogur manteniendo la batidora en el fondo, para emulsionarlos. Se añade la remolacha y sal y se bate de nuevo.

4. Se moldean los falafels, escurriendo el líquido. Se doran en una sartén con abundante aceite, se retiran y se escurren sobre papel .

5. Se trocea la escarola y la endibia. Se corta en juliana la cebolla y se mezcla todo con los canónigos.

Garbanzos fritos con verduras

4 | 20 min | **Ración:** 208 kcal. Hidratos de carbono: 13 g. Proteínas: 8 g. Grasas: 14 g.

INGREDIENTES:

- 150 g de garbanzos secos
- 150 g de zanahoria
- 1 pimiento rojo
- 150 g de col rizada
- 75 g de brotes de soja
- 1 cebolla pequeña
- Alga kombu, ajo, cebollino tierno, cúrcuma, vinagre balsámico, aceite de oliva y sal

PREPARACIÓN

1. Se dejan los garbanzos en remojo 12 horas con el alga y 1 cucharada de sal gruesa. Se escurren, se lavan y se cuecen con una cucharada de alga. Se añade sal a media cocción.
2. Se pelan la zanahoria y el pimiento y se cortan en bastones finos. Se cortan en juliana la col y la cebolla.
3. Se rehoga la cebolla en una cazuela. Cuando esté transparente, se añade la zanahoria y se deja ablandar. Se añade la col, los brotes, sal, cúrcuma y unas gotitas de vinagre. Cuando estén cocidos, se reservan.
4. Se sofríen los garbanzos unos minutos. Se añade el ajo a láminas. Se retiran y se sirven con las verduras y espolvoreados con cebollino.

Lentejas
Deliciosas y nutritivas

Ricas en proteínas, vitaminas, minerales y fibra, son un auténtico compendio de nutrientes. Además, proporcionan energía constante.

Al igual que el resto de legumbres, las lentejas tienen una historia milenaria y siguen siendo un elemento importantísimo dentro de la alimentación mundial. Son originarias del Sudeste Asiático, desde donde se extendieron rápidamente y llegaron a la cuenca mediterránea. De hecho, se trata de la primera legumbre que se consumió en la península Ibérica.

Las lentejas representan entre el 15 y el 20% del consumo de legumbres en España. Los principales países productores son Turquía y la India, aunque actualmente se cultiva en todas las regiones de clima templado, ya que son fáciles de cosechar y favorecen la regeneración de los terrenos de cultivo si su plantación se combina con cereales. Desde el punto de vista nutricional, son numerosas las ventajas que ofrecen: son muy energéticas, tienen un precio muy bajo, se conservan fácilmente y combinan muy bien con todo tipo de alimentos.

Actualmente en el mercado podemos encontrar diferentes variedades de lentejas. Las más comunes son las marrones, que precisan muy poco tiempo de remojo antes de la cocción; las verdes son muy sabrosas y quedan deliciosas si se preparan en cremas y purés; las naranjas no necesitan remojo y se cuecen en tan solo 20 minutos, mientras que las pardinas requieren una noche de reposo y son las que tardan más en cocerse.

Un alimento muy completo

Las lentejas contienen una gran variedad de nutrientes que las convierten en un alimento muy indicado para gozar de buena salud. Uno de los puntos más destacables es su contenido proteico: 100 g de lentejas secas aportan más proteínas (23,5 g) que 100 g de carne. Si bien es cierto que estas proteínas no tienen la misma calidad biológica que las de la carne, los huevos o el pescado –ya que son pobres en triptófano y amino ácidos azufrados–, al combinarlas con cereales, frutos secos o semillas, este porcentaje asciende de forma muy notable y da como resultado unos platos con un mayor valor proteico.

Otro aspecto a destacar es su alto contenido en hidratos de carbono complejos de absorción lenta, es decir, que van degradándose poco a poco hasta convertirse en glucosa, por lo que no provocan picos de glucemia. Esto supone una ventaja, pues su metabolización requiere cantidades de insulina mucho menores que los hidratos de absorción rápida, como el azúcar o la harina blanca.

FUENTE DE ENERGÍA Y SALUD

Aparte de proporcionar una buena dosis de energía, las lentejas presentan una composición nutritiva muy rica en proteínas, vitaminas, minerales y fibra, que contribuyen a aliviar y prevenir diversos problemas de salud.

IDEALES PARA LOS DIABÉTICOS

Por su importante contenido en hidratos de carbono lentos y fibra, son muy adecuadas en caso de diabetes. Las personas diabéticas presentan una tasa baja o inexistente de insulina en sangre, por lo que no metabolizan correctamente las cantidades masivas de glucosa. Las lentejas suministran este nutriente de forma paulatina.

MUY RICAS EN FIBRA

Al contener una gran cantidad de fibra (100 g de lentejas cocidas cubren el 12% de las necesidades diarias), ayudan a combatir el tránsito intestinal lento. Para favorecer su digestión, resulta conveniente no ingerirlas en dosis excesivas, así como masticarlas bien. Además, tienen un alto poder saciante, por lo que resultan ideales para las personas que suelen tener mucho apetito y desean moderarlo.

COMBATEN LA ANEMIA

Su alto contenido en hierro (100 g aportan 6,9 mg) las hace muy interesantes para las personas que padecen anemia ferropénica. Si se acompañan de alimentos ricos en vitamina C, su absorción es más efectiva. Del mismo modo, se recomiendan a quienes padecen enfermedades cardiovasculares, ya que presentan dosis mínimas de grasas poliinsaturadas. Además, contienen una gran cantidad de ácido fólico que reduce los niveles de homocisteína, un factor de riesgo cardiovascular.

RICAS EN MAGNESIO

Son muchas las personas que presentan una deficiencia en magnesio. Las lentejas son ideales para combatirla, pues 100 g permiten cubrir el 12% de las necesidades diarias.

COMPOSICIÓN NUTRICIONAL (Por cada 100 gramos)

Energía	310 kcal	Potasio	810 mg	Vitamina C	4,4 mg
Carbohidratos	50,8 g	Calcio	74 mg	Vitamina B2	0,26 mg
Proteínas	23,5 g	Fósforo	412 mg	Vitamina B3	2,2 mg
Grasas	1,4 g	Magnesio	77 mg	Vitamina B6	0,6 mg
Fibra	10,6 g	Hierro	6,9 mg	Ácido fólico	479 mcg
Agua	11,8 g	Cinc	4,78 mg	Vitamina A	2 mcg

Entre las ventajas de las lentejas se encuentra su baja proporción de grasas –las que contiene son poliinsaturadas– y su interesante contenido en ácido linoleico y linolénico, ácidos grasos esenciales con efectos muy beneficiosos sobre el sistema cardiovascular.
Sin duda, una de las propiedades más conocidas de las lentejas es su alto contenido en hierro: contienen más del triple que la carne o el huevo. Por ejemplo, un bistec de ternera de 100 g aporta unos 2,2 mg, mientras que las lentejas ofrecen unos 6,9 mg. No obstante, hay que tener en cuenta que el hierro de estas legumbres presenta una forma química denominada "no hemo", que el organismo absorbe en menor medida. Este problema se puede solventar fácilmente acompañando las lentejas de alimentos ricos en vitamina C, que ayuda a la absorción de este mineral tan importante para mantener una buena salud.
Por otra parte, aunque normalmente no se habla del calcio presente en las legumbres, no por ello deja de ser importante. Lo cierto es que las lentejas son especialmente útiles para regular los niveles de este mineral, sobre todo para las personas que no disfrutan con los lácteos. Además, contienen una cantidad importante de magnesio, un mineral cuyo déficit también repercute negativamente en la salud ósea.

Un clásico en la cocina

Las lentejas juegan un papel muy importante en la gastronomía tradicional, como ingrediente básico de cocidos, guisos o recetas invernales. Además, con el paso del tiempo, estas apreciadas leguminosas han ido ganando terreno en la cocina y, hoy en día, se pueden incluir como ingrediente estrella en otro tipo de preparaciones: ensaladas frías o tibias, combinadas con verduras, o cereales, mezcladas con arroz y presentadas en forma de hamburguesa...

Un aspecto que no se debe descuidar a la hora de preparar lentejas es el tiempo de cocción. En general, este dependerá del tipo de lenteja escogido y del utensilio empleado para cocerlas. Como tiempos orientativos, en una olla normal unas lentejas están listas en 30-45 minutos, mientras que en una olla a presión tardan unos 12-15 minutos. Es muy importante encontrar el tiempo de cocción adecuado, ya que si quedan crudas resultan indigestas y, si se pasan, pierden muchas de sus cualidades nutritivas.
Para las personas con poco tiempo que prefieren comprar lentejas en conserva, es importante que tengan en cuenta que normalmente contienen bastante sal y que, antes de cocinarlas, hay que desechar el líquido y pasarlas por abundate agua.

Dos veces a la semana

En general, se aconseja incluir en la dieta lentejas u otra legumbre un mínimo de dos veces por semana. La dosis recomendada es de entre 50 y 80 gramos por persona. Sin embargo, si resultan indigestas, es preferible emplear una ración menor –por ejemplo, como acompañamiento de un segundo plato– y aumentar la frecuencia de consumo. También se puede incluir una pequeña cantidad de lentejas en platos en los que predominen otros ingredientes, como verduras o pasta.
Un buen truco para evitar que provoquen flatulencias es añadir al agua de cocción plantas carminativas, como anís, hinojo, tomillo o comino. Otra opción recomendable es prepararlas en forma de puré, triturándolas con la ayuda de la batidora o de un pasapurés. Este tipo de presentación es ideal para introducir las legumbres en la dieta de los niños. Y también puede resultar muy útil para preparar, por ejemplo, un montadito original y sano para el aperitivo. Basta con tostar un poco de pan, untarlo con la crema y decorarlo con ajo y perejil picado.

Crema suave de lentejas

4 | 60 min | **Ración:** 275 kcal. Hidratos de carbono: 50 g. Proteínas: 9 g. Grasas: 4 g. Col.: 159 mg

INGREDIENTES:

- 350 g de lentejas
- 1 cebolla
- 1 patata
- 2 zanahorias
- 1 hoja de laurel
- 4 lonchas de beicon
- 3 cucharadas de aceite de oliva
- Sal y pimienta

PREPARACIÓN

1. Se dejan las lentejas en remojo la víspera. Se pela y se pica la cebolla. Se pela y se trocea la patata. Se cortan a rodajas las zanahorias. Se dora el beicon hasta que esté crujiente. Se escurre y reserva.

2. Se calienta el aceite en una cazuela y se rehoga la cebolla hasta que esté transparente. Se añaden las zanahorias, la patata y las lentejas y se cubre con agua. Se salpimienta, se añade el laurel y se cuece a fuego medio unos 55 minutos.

3. Se retira el laurel, se trituran los demás ingredientes con el caldo de cocción y se pasa por el colador. Se sirve la crema caliente, decorada con el beicon y el perejil picado.

Lentejas con gambas

4 | 20 min | **Ración:** 406 kcal. Hidratos de carbono: 53,8 g. Proteínas: 38,6 g. Grasas: 30 g. Col.: 90 mg

INGREDIENTES:

- 500 g de lentejas cocidas
- 500 g de gambas
- 1 cebolla
- 1 pimiento verde
- 2 tomates
- 80 g de maíz dulce
- 2 dientes de ajo
- Aceite de oliva
- Sal y pimienta

PREPARACIÓN

1. Se saltean las gambas peladas unos 2 minutos y se reservan. Se colocan en la misma sartén las cabezas con el ajo picado y se sofríe a fuego medio 4 minutos. Se cubre con agua y se deja reducir a fuego lento 8 minutos. Se cuela la reducción y se presionan bien las cabezas para extraer el jugo.

2. Se sofríen la cebolla y el pimiento, se salpimientan y se añade el tomate rallado. Una vez frito, se agrega el maíz, las lentejas y la reducción. Se remueve unos 2 minutos, se añaden las gambas y se sirve.

El truco: Para darle un toque picante, se saltean las gambas con una guindilla.

PESCADO BLANCO Y AZUL

El aporte de nutrientes básicos convierte al pescado en uno de los alimentos estrella de la dieta mediterránea. Pero sus bondades también son bien conocidas por esquimales o japoneses, para quienes constituye su alimento básico. Precisamente desde que se empezó a relacionar la salud cardiovascular de estas poblaciones con el consumo de grasas de origen marino, miles de investigaciones han tratado de demostrar sus efectos beneficiosos. Entre las virtudes de este alimento destaca su riqueza en proteínas de calidad, su aporte moderado de calorías (80-150 por 100 g) y la abundancia de vitaminas del grupo B y D.

Pescado
Salud para el corazón

Las especies de pescado azul o graso son fuentes excepcionales de omega 3, mientras que las blancas ofrecen proteínas muy digestivas.

El concepto de pescado azul (denominado también "pescado graso") no se basa en criterios biológicos, sino en aspectos puramente nutricionales. En general, para distinguir entre pescado azul y pescado blanco se mide la proporción de grasa que se encuentra entre los músculos del pescado. Para que un pescado sea considerado como pescado azul debe contener más de un 5% de grasa, mientras que las especies de pescado blanco o magro suelen contener aproximadamente un 2%. Entre estos dos pescados se encuentra una clase intermedia, la de los semigrasos –entre los que encontramos la lubina–, que contienen entre un 2 y un 5% de grasa, aproximadamente.

La cantidad de grasa que presenta el pescado influye en su coloración. La mayoría de los pescados más grasos presentan un color externo azulado, lo que explica la denominación de "pescado azul". Normalmente, las especies que se incluyen dentro de esta categoría son menos sedentarias que las que pertenecen a la categoría de pescado blanco. Al verse obligado a hacer más desplazamientos, el pescado azul necesita acumular más grasa en su cuerpo. Por esta misma razón, los pescados azules presentan una aleta caudal mucho más potente, en forma de "v" y con un borde superior en forma de horquilla. En cambio, en el caso de los pescados blancos, la aleta caudal suele estar menos desarrollada y tiene el borde redondeado.

Grasas cardiosaludables

La grasa que nos aporta el pescado azul ofrece una gran cantidad de beneficios. Diversos estudios han demostrado que disminuye el riesgo de formación de coágulos sanguíneos, que normalmente son los desencadenantes de infartos y derrames cerebrales. Estas grasas contribuyen a reducir la tasa de colesterol "malo" (LDL), disminuyen la tensión arterial, protegen las paredes de los vasos sanguíneos, fluidifican la sangre y mejoran la circulación en general.

Los ácidos grasos responsables de estos efectos tan beneficiosos son el eicosapentaenoico (AEP) y el docosahexaenoico (ADH) que, junto con el alfalinolénico, forman el grupo de los omega 3. Se trata de grasas poliinsaturadas muy beneficiosas para el organismo, pues poseen una importante acción antiinflamatoria, que se ha demostrado eficaz, por ejemplo, a la hora de tratar las molestias propias de la artritis reumatoide. También

QUE NO FALTE EN LA DIETA

Las excelentes propiedades del pescado justifican que se le dé especial importancia en la dieta, sobre todo como fuente de proteína alternativa a la carne. Se recomienda consumirlo 4 veces a la semana.

SARDINAS

Son una fuente rica y barata de ácidos grasos omega 3, así como de proteínas, selenio y fósforo. Si se compran frescas, la grasa representa aproximadamente un 10% de su peso, mientras que si se conservan en aceite, esta cifra asciende a un 14%. Contienen una gran cantidad de calcio, por lo que resultan un alimento ideal para remineralizar los huesos. Además, en el caso de las variedades más pequeñas, como las sardinillas, tienen unas espinas muy pequeñas que se pueden comer perfectamente, siendo el aporte de calcio todavía mucho mayor. Otros nutrientes muy destacados en las sardinas son las vitaminas D y B6.

SALMÓN

Por sus cualidades nutritivas y por su delicado sabor, es uno de los pescados más apreciados. Contiene una gran cantidad de ácidos grasos omega 3 y proteínas, así como cifras muy importantes de vitaminas A, B12 y D. Destaca también por ser uno de los pescados azules con menos colesterol y, por su alto contenido en vitamina D, está muy indicado para las personas que tienen problemas de asimilación del calcio y para los niños en edad de crecimiento. Además, es rico en magnesio, mineral que regula el sistema nervioso, favorece el buen funcionamiento del intestino y el desarrollo de los músculos.

MERLUZA

Sin duda es el pescado blanco más popular, pues abunda en la costa española. Su carne es tierna y sabrosa. En cuanto a sus nutrientes, destaca su contenido en calcio (41 mg por cada 100 g) y sobre todo en vitamina B3 (6 mg).

COMPOSICIÓN NUTRICIONAL DE LA SARDINA (Por cada 100 gramos)

Energía	153 kcal	Potasio	360 mg	Yodo	29 mg
Carbohidratos	0 g	Calcio	50,4 mg	Vitamina B2	0,25 mg
Proteínas	17,1 g	Fósforo	258 mg	Vitamina B3	6,4 mg
Grasas	9,4 g	Magnesio	25,10 mg	Vitamina D	7,9 mcg
Fibra	0 g	Hierro	2,20 mg	Ácido fólico	8,7 mcg
Agua	72,60 g	Cinc	0,89 mg	Vitamina A	62,9 mcg

son útiles en el tratamiento de la colitis ulcerosa, una inflamación de los intestinos que puede tener consecuencias graves y que no siempre mejora con las terapias que propone la medicina convencional.
Diversos estudios han comprobado también que las omega 3 ayudan a combatir los síntomas de la psoriasis y las dermatitis, ya que alivian el prurito y la descamación. Además, algunos expertos aseguran que pueden tener un efecto preventivo sobre el cáncer, los problemas de ánimo y los trastornos hormonales.
El pescado azul es la fuente alimentaria más eficaz de omega 3. Es necesario que estos se encuentren en la dieta habitual en equilibrio con los omega 6, aportados por margarinas y otras grasas vegetales poliinsaturadas, que en exceso están asociados a una respuesta inflamatoria que puede estar en el origen de muchas enfermedades.

Pescado blanco muy digestivo

La gran virtud del llamado pescado blanco es su digestibilidad y ligereza (el contenido en grasas varía entre el 1 y el 5%). Por ello está muy indicado en la alimentación de las personas convalecientes o que tienen un sistema digestivo delicado, así como en las dietas de adelgazamiento. Cabe destacar que tanto el pescado blanco como el azul son unas de las principales fuentes de proteínas y su consumo regular garantiza la obtención de toda la vitamina B12 necesaria para el buen funcionamiento del organismo. Para disfrutar de todos los beneficios del pescado, se recomienda consumirlo unas 4 veces a la semana (2 o 3 veces azul y 1 o 2 veces blanco), con raciones de 70 a 150 g. También podemos beneficiarnos de sus propiedades si lo consumimos más a menudo en cantidades más pequeñas. Eso sí, hay que tener en cuenta que algunas especies de pescado azul –sobre todo las de grandes dimensiones, como el atún, el pez espada o el emperador– pueden acumular niveles importantes de mercurio. Las especies pequeñas almacenan cantidades mínimas, por lo que se pueden comer sin problemas sardinas, boquerones, el salmón o caballa. Para los niños, se recomienda no introducirlo hasta los 18 meses, ya que es bastante alergénico. En cambio, el pescado blanco es de digestión muy fácil, es poco alergénico y está indicado incluso en la dieta de los bebés como uno de los primeros alimentos sólidos.

Sabroso y muy práctico

En la cocina, el pescado azul es un ingrediente muy versátil, ya que admite todo tipo de preparaciones. Un buen ejemplo de ello son las sardinas, que se pueden preparar fritas, asadas a la brasa, a la parrilla, al horno, marinadas, en salazón, en conserva... Sin embargo, sus apreciadas grasas son frágiles y pueden desvirtuarse. Hay formas de cocinarlo mucho más saludables que otras. Lo ideal es comerlo crudo, marinado, al vapor, a la plancha o a la parrilla, formas de cocción que mantienen sus cualidades y sabor marino.
El salmón, las sardinas y los boquerones quedan deliciosos ahumados. Además, dan mucho juego en ensaladas y permiten preparar sabrosos canapés, como por ejemplo un montadito de salmón, atún, anchoa, queso cremoso y cebolleta picada. También son un ingrediente excelente para las pizzas o los platos de pasta, que ganan en color, sabor y nutrientes gracias al pescado.
En conserva, la mayoría de pescados azules son excelentes compañeros de ensaladas, sándwiches y bocadillos. Es muy importante asegurarse de su frescura, ya que se trata de un alimento que se echa a perder rápidamente. Para saber si un pescado está fresco, hay que fijarse en si huele a mar (conviene descartar siempre las piezas que presentan un olor muy penetrante), si la piel muestra colores vivos, los ojos están brillantes y las agallas presentan un color rojo intenso.

Dorada a la espalda

4 | 35 min | **Ración:** 624 kcal. Hidratos de carbono: 5,5 g. Proteínas: 30,7 g. Grasas: 53 g. Col.: 155 mg

INGREDIENTES:

- 4 doradas de ración limpias y sin espinas, lavadas y secadas
- 4 dientes de ajo pelados
- Unas gotas de vinagre de Jerez
- 1 o 2 guindillas
- 100 ml de aceite de oliva
- 200 g de tomates cereza
- Sal, pimienta y unas ramitas de perejil

PREPARACIÓN

1. Se dora el pescado por ambos lados en una sartén con 4 cucharadas de aceite. Se ponen en una fuente refractaria con la piel hacia abajo. Se precalienta el horno a 200 ºC.

2. Se riegan los tomates con aceite y se salpimientan. Se hornean 10 minutos, se reservan al calor, y se baja la temperatura del horno a 170 ºC.

3. Se añade el aceite restante a la sartén y se doran durante 1 minuto la guindilla y los ajos previamente laminados. Se retira la sartén del fuego, se agregan el vinagre y el perejil picado y se remueve. Se bañan las doradas con esta preparación y se hornean 10-12 minutos. Se sirven con los tomatitos.

Boquerones rellenos

4 | 35 min | **Ración:** 364 kcal. Hidratos de carbono: 2,3 g. Proteínas:42 g. Grasas 20,5 g. Col.: 207 mg

INGREDIENTES:

- 800 g de boquerones
- 50 g de jamón serrano a trocitos
- 2 huevos
- 1 diente de ajo picado
- 100 g de harina
- 1 cucharadita de levadura en polvo
- 200 g de hojas de ensalada
- Perejil, sal, aceite de oliva

PREPARACIÓN

1. Se retiran las cabezas y las espinas centrales de los boquerones. Se dejan abiertos como un libro y con la cola.

2. Se cuece un huevo y se pica.

3. Se lavan y se escurren bien las hojas de ensalada.

4. Se prepara la masa para rebozar batiendo un huevo con un vaso de agua fría, una pizca de sal y la harina tamizada con la levadura.

5. Se mezcla el huevo con el jamón, el ajo y el perejil. Se rellenan los boquerones con la mezcla, se pasan por la masa de rebozar con cuidado, se fríen y se reservan sobre papel de cocina. Se sirven calientes, acompañados con ensalada.

ACEITE DE OLIVA

La palabra aceite proviene de la árabe az-zait, que quiere decir "jugo de la aceituna". Utilizado durante s glos como alimento, medicina y también para conservar y alumbrar, forma parte de la llamada trilogía mediterránea con el trigo y la vid. El aceite de oliva ha superado la prueba del tiempo, sobreviviendo al auge de los aceites de semillas o de las margarinas. A sus incuestionables características saludables –sobre todo en relación con el sistema cardiovascular– se ha añadido, además, su reconocido valor gastronómico. El aceite de oliva como principal fuente de grasa es uno de los pilares de cualquier dieta saludable.

Aceite de oliva
La grasa más sana

Sabor y tradición se unen en este auténtico oro líquido que se venera por sus beneficios para la salud. Descubre sus secretos mejor guardados.

Las palabras que rodean a la producción del aceite de oliva son especiales: envero, atroje, alpechín, almazara. Son criaturas mestizas, legado y sedimento de las diferentes culturas que lo elaboraron a lo largo de los siglos. Es magia verde, la que practican las manos y las voces del olivar. El olivo, originario de Oriente Próximo, se ha convertido con el paso de los siglos en un auténtico emblema de la región mediterránea, cuyas orillas están pobladas por este árbol extraordinario. Hoy en día su aceite desempeña un papel esencial en nuestra mesa, pero ya desde antiguo ha sido venerado como algo más que un mero alimento; todo un símbolo de civilización. Homero o Virgilio cantaron sus excelencias, y su verde presencia no ha faltado nunca en nuestros ritos y ceremonias.

Del olivar a la mesa

La oferta de distintos aceites de oliva es muy variada. Los diversos tipos de aceite de oliva tienen también sus diferentes implicaciones para la salud. El más puro es el aceite de oliva virgen: se trata de un auténtico zumo de frutas, como podría ser el de naranja, pues se obtiene exprimiendo directamente el fruto: la aceituna. A diferencia de lo que ocurre con la mayoría de aceites obtenidos de semillas, el aceite de oliva virgen se extrae por medios exclusivamente mecánicos y a escasa temperatura, sin la necesidad de emplear disolventes químicos. Esto preserva intactas sus estructuras grasas, sus propiedades para la salud y sus cualidades naturales de color, sabor y aroma.

Adecuado para freír

El aceite de la oliva posee un ácido graso mayoritario, el ácido oleico, muy estable. Por ello resiste bien las altas temperaturas que se alcanzan en determinadas formas de cocción. En otros aceites vegetales muy utilizados para cocinar, como el aceite de girasol, los ácidos grasos poliinsaturados, menos estables que los monoinsaturados del aceite de oliva, se oxidan fácilmente y producen grasas trans. Esto no quiere decir que el aceite de oliva no se degrade: siempre será preferible tomarlo crudo o emplearlo en cocciones suaves como el salteado que en cocciones más fuertes como la fritura.

El aceite de oliva aporta además un conjunto de pigmentos, polifenoles y otras sustancias que lo protegen de la oxidación, y que de la misma manera luego brindan esa

ALIADO CARDIOVASCULAR

Gracias a sus grasas monoinsaturadas y sus compuestos antioxidantes, el aceite de oliva ayuda a regular los niveles de colesterol y actúa como un gran preventivo general.

GRASAS AMIGAS

El aceite de oliva es rico en ácidos grasos monoinsaturados (70%), debido al contenido en ácido oleico, que favorecen la reducción del colesterol LDL, el "malo", y los triglicéridos, así como un aumento de las lipoproteínas de alta densidad (HDL, el colesterol "bueno"). Todo todo ello está asociado a un menor riesgo de enfermedad coronaria. Por otro lado, las grasas poliinsaturadas del aceite de oliva (10,5%) presentan también ácidos linoleico y linolénico en proporciones saludables para el organismo.

AYUDA DIGESTIVA

Sobre el tracto gastrointestinal, proporciona distintos beneficios. En el estómago es la grasa mejor tolerada, ya que no favorece el reflujo. Protege la mucosa del estómago al disminuir la secreción de jugo gástrico y favorecer la cicatrización, con lo que se reduce el tamaño de las úlceras. Evita el estreñimiento, potencia las propiedades desintoxicantes del hígado y ayuda a la producción de bilis.

PODER ANTIOXIDANTE

Contiene compuestos con funciones antioxidantes -polifenoles y vitamina E- que se absorben fácilmente y producen un efecto protector frente a los radicales libres.

HUESOS Y PIEL SANOS

Aplicado sobre la piel actúa como emoliente gracias a sus ácidos grasos esenciales, y como protector de la radiación solar por su contenido en vitamina E. Asimismo mejora la mineralización del sistema esquelético, gracias a uno de sus componentes, la oleuropeína, que además de prevenir el estrés oxidativo, ayuda a evitar la pérdida de masa ósea.

6 GRANDES VARIEDADES

Arbequina	Cornicabra	Manzanilla	Verdial	Hojiblanca	Picual
Aromático y afrutado. Se recomienda consumirlo en crudo, pues no es el más estable.	Algo picante y amargo, combina con pescados, verduras, sopas frías y aliños.	Es fino, de aromas frutados intensos y equilibrados entre amargor y dulzor.	Frutado intenso, se mezcla con otras variedades para hacerlo más estable.	Con cuerpo y personalidad. Se aconseja en crudo y en elaboraciones como escabeches.	Es intenso, amargo, picante y astringente. Es el más rico en antioxidantes.

protección antioxidante a nuestro organismo. Por todo ello, el aceite virgen de oliva, además de una auténtica delicia en la mesa, se considera ante todo un agente de prevención en enfermedades cardiovasculares y relacionadas con el colesterol.

Por supuesto, cuanto mayor sea la calidad del aceite virgen que se emplee mejor conservará las cualidades naturales de este alimento y mejor soportará las temperaturas de la cocción. Un aceite de oliva virgen extra, obtenido siempre de las aceitunas de mayor calidad, es un aceite sin defectos y con los mejores resultados tanto en el apartado químico como en la cata.

Hay que tener en cuenta que parte de esas cualidades del aceite de oliva virgen se pierden en el refinado. El líquido que se comercializa con la etiqueta un tanto ambigua de "aceite de oliva" se obtiene tratando la pasta sobrante de extraer el aceite virgen con disolventes químicos, que luego deben retirarse. Al aceite resultante –una sustancia grasa inodora e insípida– se le añade luego una pequeña cantidad de aceite de oliva virgen, variable según el tipo, para otorgarle color y sabor. El tipo de aceite virgen que se añade es el que permite que se venda como "suave" o como "intenso". En general, a mayor acidez, menor calidad. En un aceite virgen extra oscila entre 0,2° y 0,8; un aceite de oliva virgen de cierta calidad tendría entre 1° y 1,5°, y un aceite virgen corriente, de 1,5° a 3,3°. En el aceite de oliva obtenido de mezclar aceite de oliva refinado (85-90%) y virgen (15-10%), la acidez va de 0,4° a 1°; es una opción más económica, pero posee menos cualidades.

Recetas más sabrosas

El aceite es a la vez alimento y complemento, arte y parte de numerosas recetas, ya que combina con la mayoría de alimentos sabores y cocciones, y aparte de dar sabor y untuosidad a los platos, actúa como vehículo de transmisión y amplificación de los sabores. Lo mismo vale para un plato frío que caliente, dulce que salado o ligero que contundente. Un exceso de aceite puede hacer menos digestiva una receta, pero en su justa medida resulta exquisito y saludable.

Con él se preparan ensaladas, verduras, pastas, arroces, cremas, escabeches, conservas, fritos, tortillas, huevos, rebozados, carnes, aves o pescados, postres, pasteles, ¡e incluso helados!

Los consejos del chef

Se puede modificar el sabor de un aceite de oliva macerándolo con plantas aromáticas, frutas o especias, infusionándolo con otros alimentos, como bayas.

En crudo, el aceite de oliva resulta fresco y natural, da brillo y una textura suave. Se emulsiona para obtener salsas como la mayonesa, la vinagreta o el alioli. Sirve para aliñar, integrar diferentes ingredientes y dar suavidad a salsas y cremas. Se puede añadir a una crema de verduras una vez triturada; para ello se añade una cucharada por persona y se sigue triturando para que quede integrado. Es excelente sobre unas rebanadas de pan untadas con tomate.

En el fuego proporciona color, temperatura, textura crujiente y sabor, además de ayudar a sacar el mejor partido de muchos alimentos. Sirve para freír, rehogar, sofreír, saltear, escabechar, confitar y asar, y en las cocciones a la plancha permite que los alimentos no se peguen.

Al calentarlo el aceite no debe humear, pero es importante que alcance una temperatura mínima de 160 °C y que no exceda de 185 °C para que los alimentos se doren sin quemarse y no absorban aceite. Se puede comprobar la temperatura del aceite echando unos dados de pan: si se hunden, está todavía muy frío (150 °C); si caen y suben rápidamente ha alcanzado los 175 °C; y si no llegan a sumergirse, quema demasiado (185 °C).

Crema velouté de guisantes

4 | 10 min | **Ración:** 139 kcal. Hidratos de carbono: 8 g. Proteínas: 3 g. Grasa: 10 g

INGREDIENTES:

- 60 g de guisantes pelados
- 2 cebolletas
- 1 calabacín
- 1 manojo de ajos tiernos
- 1 cucharadita de azúcar
- 40 ml de aceite de oliva y sal

PREPARACIÓN

1. Para preparar el mojo, se machaca el ajo en un mortero y se le agrega el zumo de la pulpa del jengibre (2 cm). Se incorpora el manojo de cilantro, el zumo de limón y la salsa de soja, majando la mezcla un rato.

2. Ya en un envase de cristal, se agrega el aceite de oliva, se tapa y se agita unos minutos para ligar el mojo.

3. Se pican los ajetes y el perejil, se cortan los rábanos en láminas finas y se corta el pan integral en taquitos que se tuestan a fuego lento en una sartén seca.

4. Se disponen todos los ingredientes, más la achicoria y la alfalfa en el recipiente deseado, se adereza con el mojo y se remueve bien.

Pimientos asados con orégano

4 | 10 min | **Ración:** 144 kcal. Hidratos de carbono: 5 g. Proteínas: 2 g. Grasas: 13 g

INGREDIENTES:

- 1 pimiento verde carnoso
- 1 pimiento amarillo
- 1 pimiento rojo
- 50 ml de aceite de oliva
- 4 ramas de orégano fresco
- 1 diente de ajo
- Pimienta y sal

PREPARACIÓN

1. Se limpian los pimientos, se untan con aceite de oliva y se asan al horno, precalentado a 180 °C, durante unos 25 minutos.

2. Se retiran del horno, se tapan mientras se enfrían y se pelan.

3. La carne de los pimientos se corta a tiras anchas, se colocan con su jugo en un bol y se salpimientan.

4. El orégano fresco se trocea con unas tijeras y se reservan unas hojas para decorar. Se pica un diente de ajo, se añaden ambos ingredientes a los pimientos y se aliñan con el aceite de oliva.

5. Se reparte todo en platos, se decora cada uno con una rama de orégano y se sirven templados.

RBA